北野武映画の暴力

目次

はじめに　映画における暴力の始まり

映画は誕生の時点から動的なイメージを持って生まれた。これは写真と区別される最も重要な点といえる。リュミエール兄弟のシネマトグラフ[*1](cinématographe)を映画の始まりと見ようが、トーマス・エジソンのキネトスコープ[*2](Kinetoscope)を映画の始まりと見ようが、その開始点には必ずある空間があり、その空間で行なわれるある動きが存在したことが、それを証明する。そして、空間と動きの合体という映画の重要な開始点は劇映画、ドキュメンタリー、実験映画を問わず、現代の映画でも変わりなく続いている。従って、比較的短い歴史の中で大衆文化の寵児として位置づけられてきた映画の原動力の一つとして、空間と動きの合体という最も根本的な要素を含ませることについて、異議を申し立てることは難しい。

以後、編集という技術を通じ、空間と空間を連続して繋ぐことが可能になって

＊1　一八九五年十二月二八日にパリのグラン・カフェで一般に公開されたオーギュストとルイのリュミエール兄弟の発明品。スクリーンに拡大投影された映像を見る方式であった（出口　13）。

＊2　一八九三年に一般に公開されたエジソンの発明品。大きな箱のなかにフィルムが内蔵され、一人ずつ上からレンズでのぞいて見る方式であった（前掲書　12）。

から、映画は本格的に動的な属性を表し始めた。その時から観客たちは室内での動きが室外の場面につながるのを劇場に座ったまま連続的に見ることが可能になり、それを奇妙に感じることもなかった。そして、静的な空間から自由自在に移動することにより、より一層動的に変化していく映画の性質に、観客たちは熱狂していった。従って、以後の映画はこのような動的な性質をどのように操作するのかに焦点を合わせ、発展してきたと言っても過言ではない。

このように、映画の動的な性質を扱うための映画関係者たちの悩みは、映画草創期から続けられてきた。しかも人類は映画ほど視覚的に動的なものを作ったことがなかったため、動的な性質を扱うというのが簡単な問題ではなかった。新しい動きを見せるために、俳優たちはより一層動的なアクションを求められることになり、俳優たちの活発な動きを捉えるためにカメラワークも多様になっていった。

編集術でも動的な俳優たちの動きを自然に繋ぐために多くの実験が試みられた。脚本では能動的な人物たちが互いに対立し、強い葛藤を形成しつつ、それを解決していく過程で観客のカタルシスを誘発させる激しい葛藤構造が求められた。そして、登場人物の葛藤を解決していく方法として暴力は最も自然な方法の一つであったため、映画草創期からよく使われた。

「暴力」は必ず動的なアクションを伴うため、観客の焦点を収斂させる関心の種になっていった。次第に、映画中の暴力はアクションという名で置き換えられ、ジャンル映画の主要な仕掛けとして活用されつつ、数多くのアクションスターを量産することになる。かつて西部開拓において闘争的な歴史を持っていたアメリカでは映画初期から動的なアクションを活用し、西部劇という映画的なジャンルを作り出した。最初の商業用の西部劇はエドウィン・S・ポーター監督[*3]の『大列車強盗[*4]（*The Great Train Robbery*）』（一九〇三）と呼ばれる。

一九〇〇年にエジソン電気会社に入社したポーターは一九〇二年、『アメリカ消防夫の生活[*5]（*Life of an American Fireman*）』を監督し、本格的に自分の作品を作り始める。そして一九〇三年には、彼の代表作『大列車強盗』を監督し、興行的にも大きく成功した。列車を襲った四人組の強盗団が、乗客から金を奪って逃走するが、後を追ってきた保安官らに一網打尽にされるという内容のこの映画は、アメリカ西部劇の商業化のきっかけとなった先駆的な作品と評価される。

『大列車強盗』は、鉄道の事務所を襲った強盗たちが電信技師に銃を突きつけ、列車を停車させろと脅迫する場面から始まる。列車を止めさせた強盗たちは、電信技師を暴行して身体を縛り付けた後、給水場に停まっていた列車に忍び込み、貨物配達員、エンジニア、機関士を順に制圧する。機関士を脅迫して機関車の先

＊3　エドウィン・S・ポーター（Edwin Stanton Porter 一八七〇〜一九四一）アメリカのペンシルベニア州生まれ。高校卒業後に海軍へ入隊。除隊後、一九〇〇年エジソン社にカメラマンとして入社、一九一五年に引退するまで多くの作品の演出を手がける。『アメリカ消防夫の生活』『大列車強盗』などは創世記のアメリカ映画に大きな影響を与えたと評価される。

＊4　一九〇三年／エジソン社／脚本、監督：エドウィン・S・ポーター／出演：ギルバート・M・アンダーソン、A・C・エイバディ、マリー・マーレイ、ジョージ・バーンズ／十二分

＊5　一九〇三年公開／エジソン社／脚本、監督：エドウィン・S・ポーター／出演：アーサー・ホワイト、ビビアン・ヴォーン／六分。
実際の消防夫のドキュメンタリー画面とスタジオで撮った火災画面を巧みに編集した映画。クローズアップによるインサートや原始的なクロス・カッティングが認められる。

端を切り離した強盗たちは、乗客全員を下車させて金品を奪った後、機関車に乗って逃走する。だが電信技師は、自分の娘に助けられる。電信技師が保安官らに事件を知らせ、保安官は強盗を討伐するために出動する。保安官らに追いかけられた強盗たちは撃ち合いをするが、全員撃ち殺される結末で映画は終わる。

『大列車強盗』は一年前に作られたジョルジュ・メリエス[*6]の『月世界旅行[*7]（*Le Voyage dans la Lune*)』（一九〇二）と共に世界映画史の中で重要な位置を占める。『月世界旅行』は当時の基準としては非常に長い十四分の作品であった。『映画映像史』の著者・出口丈人は当時の映画がほとんど二、三ショットで作られたことに反し、『月世界旅行』と『大列車強盗』が十ショット以上で作られていることを指摘し、ショットの多さのために、起伏にとむ複雑な物語を語ることができたと言う(21)。『大列車強盗』も十二分の短編映画であったが、当時としてはとても長尺の映画であった。編集の重要性にまだ誰も気づいてなかった時期に、不十分ながら、同時進行している二つの事柄を交差して繋ぐ「クロス・カッティング[*8]」を試みており、ロケ撮影とカメラワーク（パンとティルト）を見せていることはポーターの重要な業績と評価されている。

だが、何よりも十二分、十四シーン（最後のシーンはエンブレム・ショット[*9]）で作られている映画の中で、半分に当たる七シーンにかけて銃殺、暴行、爆発、

＊6　ジョルジュ・メリエス（Georges Méliès　一八六一年〜一九三八年）　フランス・パリ出身の映画監督。もともとは奇術師で劇場経営者であったが、リュミエール兄弟による映画の公開を見て映画制作に乗り出した。多重露光、ディゾルブ、ストップモーションなど、映画の創生期において様々な特殊撮影やトリック技術を開発した。

＊7　一九〇二年／制作：ジョルジュ・メリエス／脚本、監督：ジョルジュ・メリエス／出演：ジョルジュ・メリエス、ジュアンヌ・ダルシー／十四分。ジョルジュ・メリエスによって制作されたモノクロ・サイレント映画。彼の代表作であり、彼が開発した様々な映画技法が登場するため、映画史を語る上で必ず言及される重要な作品でもある。ジュール・ヴェルヌ（一八二八〜一九〇五）の『月世界旅行』とH・G・ウェルズ（一八六六〜一九四六）の『月世界最初の人間』を元にし、月世界に到達した科学者たちの姿を描いたこの映画は、世界最初のSF映画とも呼ばれる。

＊8　クロス・カッティング（cross cutting）：編集作業の際、少なくとも二つの異なったシーンからの

銃撃戦といった物理的な暴力が登場し、その暴力性を強調するために多様な努力が用いられていることに注目したい。

『大列車強盗』では、白黒フィルムにカラーを部分的に着色させる特殊技術が使われている。[*10] この技術は、この映画で初めて使われたのではないが、すべて手作業でフィルムに直接色を塗る作業であるため、多くの労働力と時間が必要とされ、高い費用が必要となる作業であった。ポーターは、時間と費用をかけてまで、この技術を銃撃シーンやダイナマイトの爆発のような暴力場面で使い、暴力による視覚的効果を強調している（図0-1、0-2）。このことは覚えておきたい。

図 0-1

図 0-2

ショットを交互につなぐこと。普通、複数の出来事が、異なった空間で同じ時間に起こっていることを暗示する（ブランドフォード、グランド、ヒリアー　96）。

＊9　エンブレム・ショット（emblematic shot）：「表徴的ショット」と翻訳される用語で一九〇三年エドウィン・S・ポーターが初めて『大列車強盗』で導入した。映画を見る観客のために映画の全体を集約し、それを具体的なイメージで表現した一つのショットのこと。このショットは映画の冒頭でも最後でも自由につけられるが、主に映画の冒頭につくことが多かった。

＊10　色付け、着色（tinting）：白黒ウィルムにカラー映像を作り出すために用いられた技法。サイレント映画の時代には広く用いられた。プリント用のベースを色付けしてその上にプリントすることもあれば、手作業で色付けすることもあった。初期の映画では特殊効果目的のために色付けが用いられることもあった（ブランドフォード他　29）。

『大列車強盗』の中盤部、列車に忍び込んだ強盗たちが列車の上にのぼり、機関士と激闘する。機関士をなぎ倒した強盗たちは、そばにあった石で機関士の顔を殴りつけ、そののち機関士を、列車の外側に投げ飛ばす。ポーターはこの危ない場面を生々しく表現するために、人形を用いている。つまり強盗が機関士の顔を石で殴りつける直前、画面は素早く編集されて機関士が人形に入れ替わる。強盗は人形の顔を殴りつけ、列車の外に投げてしまう。

『大列車強盗』は十四シーンで構成されていると先述した。そのうち十三シーンはすべてワンシーン・ワンカットで作られている。いま、ここで述べた機関士と強盗たちのシーンは、『大列車強盗』のなかで唯一、二つのカットを編集してつくりあげたシーンである。

『大列車強盗』のなかで特に有名な場面は、最後のエンブレム・ショットといわれている。映画の十四番目のシーンに当たる最後の場面では、強盗たちが皆殺しになった後、バストサイズでカメラに向かっていた強盗の首領が、急に拳銃をむけて、銃を撃つ場面が出てくる（図0-3）。この場面は、映画の内容と関係ない場面であるにもかかわらず、当時の観客に多くの衝撃を与えた。クローズアップがほとんどなかった当時、今の今まで犯罪を行っていた強盗が観客に向かって銃を撃ったため、驚くのが当然だといえるだろう。

映画が誕生して十年も経ってない時点で、これほど強烈な暴力が描写された映画があり、商業的にも大きく成功した。この事実は、映画の草創期から観客は、暴力に魅力を感じ、歓迎して受け入れていたということを意味する。

だがそれ以降、暴力が映画のジャンルとして認識されることはなかった。暴力が用いられるジャンルがあまりにも多かったためである。暴力は、男性的な魅力を強調する西部劇や、ギャング映画はもちろん、フィルム・ノワール、ホラー、SFにいたるまで、商業映画においては不可欠な存在であった。暴力は、映画中の葛藤を最も豪快に解決できる手段として、ほとんどのジャンルで頻繁に使われ

図 0-3

た。これはセックスの場合も同様である。女性を欲望の対象として描写するセクシュアリティは、欲望の主体である男性の強烈な暴力と不可分の関係であった。

第一次世界大戦が終わるころ、映画の社会的な影響力が次第に大きくなるに従い、世界のあらゆる国において性と暴力の表現方法に対する規制の動きが始まった。一九二二年に発足したＭＰＰＤＡ（Motion Picture Producers and Distributors of America）は、ハリウッドのセックススキャンダルに主な映画会社が対応できるように組織された団体である。同時に、政府の検閲から映画産業を守るために、ハリウッドが自ら作った自己検閲機構でもあった。ＭＰＰＤＡが初代会長として映画とあまり関係もないウィル・Ｈ・ヘイズ[*11]を推戴したのは、彼が道徳的で健全なイメージを強く持つ人物であったこともあるが、何よりも大きな影響力をもつ政治家であるためであった。ハリウッドは、映画産業、そして映画表現の発展に大きく寄与した性と暴力という表現方法を守るために政治の力を借りたのだ。[*12]

『大列車強盗』が衝撃的な暴力描写で大きな成功を収めたにもかかわらず、以降ポーターは二度と西部劇は作らなかった。暴力を描いた映画も作ることはなかった。それどころか、かえって演劇的な様式に戻ろうとする傾向を現し、メリエスの映画を模倣する作品を作ったりもした。

A History of Film のジャック・シー・エリスは、曖昧な態度を取っているポーター

＊11　その当時、ウィル・Ｈ・ヘイズ（一八七九〜一九五四）は郵政長官であり、共和党全国委員会の元会長でもあった。そしてインディアナ州の長老教会の長老でもあったため道徳的な評判が高かった。ＭＰＰＤＡの会長に就任する際の任期は五年であったが、結局一九四五年まで二十三年間も会長として活躍する。彼の影響力が絶対的だったため、ＭＰＰＤＡはヘイズ・オフィスと呼ばれることもあった。

＊12　ヘイズの名前から由来したヘイズ・コード（Hays code）は一九三〇年に成立されたハリウッドの映画制作倫理規定である。ヘイズ・コードはもともとダニエル・ロードとマーティン・クィグリーの二人のカトリック教徒によって提案された勧告的な規定であったが、ＭＰＰＤＡと大衆の圧力によって義務的なものとなった。

に対し、「自分が上げた成果が何なのか明確には知らなかったようだ」と述べている（54）。だが『大列車強盗』がハリウッドの主流ジャンルとしての西部劇に決定的な影響を及ぼしたことは確かである。

『大列車強盗』に出演したG・M・アンダーソン[*13]は以後、「ブロンコ・ビリー」という名前で出演した西部劇シリーズを作り出し、西部劇最初のスターとして名を成している。以後西部劇はハリウッドのすぐれた制作者であり監督でもあったトーマス・インスにより、ハリウッド最高の主流ジャンルとしてそびえ立つことになる。

このように、映画の草創期から現代の映画に至るまで、暴力的なアクションの描写は続いている。しかし映画のジャンルにおいて「暴力」（Violence）と「アクション」（Action）は、境界が曖昧な用語である。フランス映画研究者であるスーザン・ヘイワードは、映画用語解説集に当たる著書 *Key Concepts in Cinema Studies* において、映画の多様なジャンルを説明している。しかし、「暴力」を窃視症（voyeurism）とフェティシズム（fetishism）と結びつけて説明し、「アクション」は西部劇、ギャング映画、フィルム・ノワール映画のようなジャンル映画の表現要素として述べるだけで、映画のジャンルとしては認めていない。またアメリカで出版された *The Film Studies Dictionary*（邦題『フィルム・スタディーズ事典―映画・映像用語

＊13　G・M・アンダーソン（Gilbert M. Anderson　一八八〇〜一九七一）：アメリカのアーカンソー州生まれ。彼は『大列車強盗』に続き、ほぼ四百本に達する『ブロンコ・ビリー』シリーズに主人公として活躍し、最初の西部劇スターとして名をあげる。以後エッサネイという映画会社を設立したアンダーソンは、チャールズ・チャップリンが出演した十四本の短編映画を制作する。

のすべて』）でも「暴力」はジャンルではなく、暴力描写として言及されているが、「アクション」は、言及すらされていない。

その反面、日本の映画評論家・田山力哉は『映画小事典』でさまざまのジャンルの作品に「アクション」が使われていることを指摘しつつも、アクション映画を「活劇映画」と名づけ、「アクションを主体とした映画」と定義している。彼は日本語で「アクション」を「活劇」と呼ぶ理由として、映画草創期に映画のことを活動写真と称したことと関連があるかもしれないと記している。一方、「暴力映画」については「バイオレンス映画」と表現し、次のように述べている。

> 暴力のことで、一九七〇年代のベトナム戦争をバックとしたアメリカ全体の暴力のエスカレートが映画に反映、殊に『ワイルドバンチ』、『わらの犬』などでサム・ペキンパー監督[*14]が強烈な暴力描写を展開、バイオレンス派と称せられ、それが流行になり、こうした一連の作品をバイオレンス映画と称した。日本でも期を同じくして深作欣二[*15]の『仁義なき戦い』などでバイオレンス的傾向が生じた（170）。

田山力哉が暴力映画を説明しながら言及しているサム・ペキンパーと深作欣二

＊14　サム・ペキンパー（Sam Peckinpah　一九二五〜八四）：「その荒々しく美しい暴力描写のため〝ブラッディ・サム（血まみれサム）〟と呼ばれ、また、ハリウッドの既成の枠にはまらない強烈な個性のために〝アウトロー・サム〟と呼ばれた。作品のほとんどは西部劇とアクション映画。激しい暴力シーンの連続のため『マッチョ』『ファシスト』と女性批評家に酷評されたが、荒々しさの裏には、心やさしさと詩情があったことは見逃せない」（一九九九　川本編　144）。

＊15　深作欣二（一九三〇年〜二〇〇三年）：日本の映画監督・脚本家。茨城県水戸市出身。日本大学藝術学部を卒業した後、東映に入社。一九六一年千葉真一主演の『風来坊探偵 赤い谷の惨劇』で監督デビュー。一九六二年の『誇り高き挑戦』で注目され、一九六九年にはアメリカ映画『トラ・トラ・トラ！』の部分監督をまかされる。その後、「仁義なき戦い」シリーズ、『蒲田行進曲』などのヒット作品を生む。暴力性が強い作品が多いが、『柳生一族の陰謀』、『魔界転生』といった時代劇、『バトル・ロワイアル』のようなSF映画まで、幅広い作品を残している。丹野達弥は『映

は、ほぼ同じ時期に映画界に台頭し、現代映画において暴力を映画の主たるテーマに引き込んだ代表的な監督だといっていいだろう。ペキンパーは彼の代表作『ワイルドバンチ[*16]（*The Wild Bunch*）』（一九六九）において、善と悪の対立が存在しない二十世紀の西部を背景とし、消え去っていくガンマンたちの暴力的な自滅を描いた。

　時を同じくして日本においては深作欣二が『仁義なき戦い[*17]』を発表し、仁義と信頼のために命を捧げたヤクザ映画の典型から抜け出し、裏切りと陰謀に溢れるヤクザの凄まじい暴力を描いている。

　エドウィン・S・ポーターとサム・ペキンパー、そして深作欣二は、これ以前に交流があったのかについての記載はない。だが暴力描写という点においては、多くの関連性を持つ。そして本書で論じようとする北野武は、深作欣二を引き継ぐ、日本を代表する暴力映画の巨匠として位置づけられている。

　北野武は、サム・ペキンパー、深作欣二のように暴力を映画の前面に登場させ、暴力というテーマにこだわる監督だといえる。だが、北野武が描写する暴力の様相と観点は、サム・ペキンパーや深作欣二のそれと多くの面で違う点を見せている。

　北野武の映画には外見上、暴力が過度に流れる。北野の初期の作品である『その男、凶暴につき』（一九八九）、『3－4×10月』（一九九〇）、『ソナチネ』（一九九三）

画監督ベスト一〇一・日本篇』で彼について次のように述べている。「焼跡・闇市派。小説家では野坂昭如だが、映画監督では深作欣二の謂だろう。彼の秀作にはどれも〝敗戦〟の虚無感を引きずった男どもの姿がちらつく」（164）

＊16　一九六九年／製作会社：ワーナー・ブラザース＝セヴン・アーツ／脚本：ウェイロン・グリーン、サム・ペキンパー／監督：サム・ペキンパー／出演：ウィリアム・ホールデン、アーネスト・ボーグナイン、ロバート・ライアン、エドモンド・オブライエン、ウォーレン・オーツ／一四四分（アメリカでは後に一三五分版、一二一分版が作られる）（遠山編　207）

＊17　一九七三年／製作会社：東映京都／原作：飯干晃一／脚本：笠原和夫／監督：深作欣二／出演：菅原文太、金子信雄、松方弘樹／九十九分

において、北野の描く暴力の様相は暴力の本質を暴き出しているように見える。しかし、作品の構成や内容を見ると北野武の作品は単なる暴力の世界とは言えない。かえってサム・ペキンパーや深作欣二の作品と比べてみると、暴力描写の度合いや映画で占める比重が少ないと考えることもできる。それなのに、北野の映画から強烈な暴力の印象を受けるのは、なぜだろうか。

本書では北野武映画の初期作と呼ばれる『その男、凶暴につき』、『3-4×10月』、『ソナチネ』に現れた暴力の様相を分析し、彼の映画で暴力描写に込められた意味を考察することを目指す。そのためには、北野以前に形成された暴力描写の推移を確認する必要がある。

まず、エドウィン・S・ポーターの『大列車強盗』から始まった暴力の描写が、それ以後、西部劇をはじめとするジャンル映画でどう展開されていったのか探ってみよう。ついで、その流れの中で重要な位置を占めているサム・ペキンパーの代表作『ワイルドバンチ』と、深作欣二の代表作『仁義なき戦い』を分析する。

ペキンパーと深作は、現代の映画で初めて暴力を主要テーマに引き込み、暴力というテーマから生涯離れることがなかった監督である。ペキンパーと深作が描写する暴力の様相は、それ以前の暴力描写とは、多くの面で違う点を見せている。二人が展開した映画の中の暴力の歴史を確認すれば、北野武が、ペキンパーと深作に対してどのような関連性を持っているのかが、浮かび上がってくるだろう。それを通じてポーターとペキンパー、深作、北野を「暴力」というキーワードで結び付け、ジャンルとして定義しづらい「暴力映画」という用語ではなく、「暴力」というカテゴリーとして定義することを試みる。そして、そのカテゴリーの中で北野武の映画にみられる暴力の本質を、明らかにしたい。

第一章　北野武以前の暴力描写

第一節　サム・ペキンパー監督作品『ワイルドバンチ』における暴力描写

『大列車強盗』から始まった西部劇はハリウッドで一番早くジャンルとしての枠組みを備え、最も長い間活用され続けている。一九一〇年代からジャンルの形式を備えた西部劇は五十年代まで数多く制作され、アメリカ映画産業の大黒柱だった。西部劇の背景は、おもに十九世紀後半の西部開拓期だといっていいだろう。十九世紀後半のアメリカは、ヨーロッパから大量に移民が訪れ、南北戦争があり、西部は開拓され、大陸横断鉄道の敷設にともなってネイティブ・アメリカンは討伐された。農業国家から工業国家への転換期であり、西部開拓を進行していく過渡期でもあったため、人々の間に衝突を誘発する要素も多かった。

西部劇を成している重要な要素は文明と荒野である。その異質な概念が衝突する地点に、西部劇の主人公は登場する。西部劇の主人公は、善と悪が明確に分けられる二分的な対決構図の中で、法と家族、そして秩序の問題で葛藤を起こす。最後には善人が悪人に勝ち、葛藤を解決する。この勧善懲悪的なプロットが、西部劇の特徴である。西部劇に描かれる善人は、葛藤を解決する過程において対話や法ではなく、暴力を使って悪人を退ける。西部劇のスタイルにおいて、観客は、道徳的な倫理に基づいた、能動的でスペクタクルな善人の暴力を、英雄的な人物が責任を果たすために行う崇高な方法と感じていた。言い換えれば、暴力を、「悪」をともなう野蛮な行為として認識せずに、葛藤の解決の手段として主人公にとって正当な行為であると、解釈していたわけだ。

しかし、悪人に行う暴力は正当であったとみなされる西部劇の秩序は、六十年代に登場するアメリカの映画監督、サム・ペキンパーによって徹底的に否定される。

映画評論家の川本三郎は編書『映画監督ベスト一〇一』のなかで、「もし百年前に生まれていたら、間違いなく〝西部の男〟になっていただろう」とペキンパーを評価している（144）。確かにペキンパーは、乱暴な西部開拓時代に強いノスタルジアを有していた。だが彼が活動を始めた六〇年代のハリウッドでは、西部劇の全盛期はすでに過ぎ去り、もはや下火になりかけていた。さらにイタリアで作られ、俗に「マカロニ・ウェスタン」[*18]と呼ばれる異色の西部劇が、世界的に大き

＊18　ロケ地の多くがイタリアだったためその名がついた西武劇のこと。代表作は『荒野の用心棒』（監督セルジオ・レオーネ、主演クリント・イーストウッド）など。

くヒットし、従来の西部劇はより一層居場所がなくなっていた。『ワイルドバンチ』は西部劇が終焉を告げるころに作られ、アメリカ映画の暴力描写の方向を変えてしまった記念碑的な作品と評価されている。

『ワイルドバンチ』はアリの群れの中にサソリを入れる子供たちの姿から始まる。無数のアリはサソリを食いちぎり、サソリはその中で悪あがきをする。その様子を楽しそうに見ている子供たち越しに、主人公であるパイクの一団が登場するが、彼らが通り過ぎると、子供たちはアリとサソリに火を付けて、両方とも焼き殺してしまう。この場面は、以後の展開を端的に予告している。弱いアリと強いサソリの権力関係を逆転させる場面だが、アリもサソリも皆殺しにされるほかないのだ。焼き殺されるアリとサソリ、これを描くことでペキンパーは、パイクらの運命の象徴としてみせる。[*19]

パイクの一団、彼らと対立するマパッチ、そしてパイクの後を追っているソーントン。三者は多少の差こそあれ、皆凶暴な悪党である。英雄的な存在であるべきパイクは、法と秩序といった道徳として価値があるもののために戦うのでない。ただカネをもっと手に入れるために、すさまじく戦う無法者なのだ。かつてパイクの仲間であったソーントンは、パイクを執拗に追いかけている。なぜならば、パイクに懸賞金がかけられているためである。ソーントンに追われていたパイク

＊19　塚田幸光はこのシーンがパイクらの今後を予告する暗喩となりつつ、この暗喩が映画の後半部に反復されていると語る（塚田　138）。

は、マパッチが悪党であることを知りながらも、カネをもうけるために、彼の要求のとおり米軍の武器を奪取してマパッチの金貨と交換する。

従来の西部劇の時代設定は、カウボーイが実在した十九世紀後半が大半だといっていい。それに対して『ワイルドバンチ』の設定は一九一三年、もはや二十世紀になっている。ペキンパーは『ワイルドバンチ』で西部開拓時代が完全に過ぎ去り科学技術の時代に転換した社会を背景にし、全盛期が過ぎた老年の俳優をガンマン役として登場させる。

一方、メキシコ革命軍の首領として描かれるマパッチは自動車に乗って登場する。マパッチからの依頼でパイク一団は列車で輸送される米軍の武器を奪取する。その中には巨大なマシンガンがあった。パイクは初めて見る巨大な武器にさして大きな反応をみせることなく、マパッチに無造作に渡してしまう。だが、マパッチはマシンガンという新しい銃器を見るやいなや、すぐに試し撃ちをし、満足する。世の中には、すでに自動車とマシンガンが登場している。しかしパイクは、依然として馬に乗って強盗をしている。

だが、それほどまでもカネの亡者になっていた彼らにもかかわらず、映画の後半部では、マパッチに人質として捕らえられていた仲間を救おうと、突然命を捨ててしまう。しかし、カネのためなら手段を選ばなかった彼らが、なぜカネでは

＊20　塚田幸光は『シネマとジェンダー』で、彼らがなぜ金ではなく仲間のために命を懸けているのかについて、パイクの「不能」に起因していると語る。塚田は映画の後半部の娼婦館でのシーンについて次のように語る。「娼婦が目を画面の外に向けるとそこにはシャツを着直すパイクが映る。画面はすぐさま娼婦のショットに切り替わる。死を賭した戦闘の前に、パイクらは娼婦にひとときの安堵を求めるシーンだが、上半身をあらわに、濡れタオルで体を拭き、しきりにパイクを見る娼婦に対し、彼は彼女から目を背ける（彼は彼女からの視線を過剰に意識しながら、その場から立ち去ることに必

なく仲間のために命をかけているのかは、映画のなかでは説明されない。表面的には友情のためであるようにも見える。しかし一度も、そういう様子は示されない。第一、マパッチの軍隊は総勢二百人を越えている。対するパイク一団は、たったの四人。二百人に取り囲まれている人質を、四人で救出しようというのだ。こんなことは不可能である。そう考えると、彼らの暴力には因果性が見当たらない。[*20]したがって彼らの暴力は手段としての暴力とは言えない。

　何より注目すべき点はサム・ペキンパー自らが、西部劇が終焉を迎えていることを明確にしたうえで、なおかつこの映画を『大列車強盗』と関連づけていることである。

　『大列車強盗』は鉄道会社事務所に忍び込んだ四人組の強盗が電信技師を暴行する場面から始まった。『ワイルドバンチ』の冒頭部において、パイク一団はカネを強奪するが、この場所も鉄道会社の事務所であり、働いている人々も『大列車強盗』と同じ電信技師である。そして懸賞首として手配されたパイク一団も、『大列車強盗』の強盗と同様四人組である。彼らは電信技師を人質にして銃撃戦を始め、鉄道会社の事務所は廃墟になってしまう。

　『大列車強盗』をもう一度思い出そう。強盗は給水場に停車していた列車に潜入し、貨物配達員、技師、機関士を順に倒した後、機関士を脅迫して機関車の先

死だ）。ここで暗示されていることは、パイクが『不能』であり、彼が『男性』として振る舞えないということだ」（143-144）。しかし、パイクが娼婦から目を背けていることは確かであるが、それだけでパイクを性的な「不能」であると断定することは難しい。なぜならパイクが彼女からの視線を意識するのに先立って、ベッドの隣に赤ん坊の存在があるためである。映画では着直したパイクがベッドに腰かけると、いきなり赤ん坊の無き声が聞こえる。パイクが振り向くとそこには娼婦の子供と思われる赤ん坊がパイクを見ている。戸惑ったパイクが目をそらすと今度は娼婦の視線が合う。パイクは何かを求めている二人の視線の間で当惑の色がありありと浮かんでしまうのだ。段々とギター音が聞こえ、そのうちに三人がいる場所は、まるで娼婦館ではなく、一般家庭のように見える。パイクがその場から立ち去ることに必死であることは、性的な問題ではなく家庭を持つことができないガンマンとしての違和感であると見られる。それにしても金に盲目になっていたパイクらが、急に仲間を救うために命を捨てることになる理由としては不十分であると思われる。

端を切り離す。そして、乗客を皆下車させてカネを奪った後、切り離した機関車に乗って逃走し、奪ったカネを地面に穴を掘って隠そうとするが、後を追ってきた保安官らに全員が撃たれる。

このシチュエーションは『ワイルドバンチ』でも同じように適用される。映画の中盤、給水場に止まっている米軍輸送列車にパイク一団が忍び込んで機関士と技師を制圧するくだりがある。パイク一団は、機関士を脅して列車を切り離し、武器を奪取した後、切り離した機関車に乗って逃走する。パイクは奪取した武器を薮の中に隠し、マパッチと金銭の交渉をする。

『ワイルドバンチ』と『大列車強盗』には、右に述べたような類似性だけではなくシチュエーションを逆転させた場面もある。『大列車強盗』では、気を失ったまま縛られていた電信技師を彼の幼い娘が助けた。そして娘に救助された電信技師は、ダンスホールで楽しく踊っていた保安官らに助けを求める。『大列車強盗』には「娘（子供）＝助けてくれる＝善」「楽しんでいる＝保安官＝善」という構図が存在している。

一方、『ワイルドバンチ』で楽しんでいるのは正義の味方の政府軍ではなく、無法者のパイク一団である。パイク一団は、マパッチが送った酒と女で狂乱の一夜を送っていたのだ。〈悪〉が楽しむ『ワイルドバンチ』のこのくだりは、〈善〉

が楽しむ『大列車強盗』とは正反対の構図である。映画の終盤、勇敢に戦っていた主人公パイクを殺すのはマパッチや彼の兵士たちでない。パイクは幼い子供に殺される。ペキンパーの映画では子供であっても、善良な存在としては描かれない。『大列車強盗』では父親を助けた娘＝善という構図がとられていることに対して、『ワイルドバンチ』では、殺人をおかす子供＝悪という構造がとられている。

ペキンパーが実際に『大列車強盗』を意識して『ワイルドバンチ』を作ったのかどうかは、分からない。だが重要なことは、『大列車強盗』以降五十年以上も連綿と続いてきた映画の中の暴力の典型的な構造を『ワイルドバンチ』が逆転させることで、西部劇の最後の時代を飾っているという点である。ソーントンと政府軍は武器を奪取され、パイク一団を捕まえることもできず、パイクとマパッチの戦いを止めさせることもできなかった。ソーントンがマパッチのアジトに到着したのは、すでにパイク一団とマパッチの軍隊の全員が死んだ後だ。アメリカ軍から奪取した武器で打ち合いをし、それで皆殺しになってしまったが、その中でソーントンと政府軍ができることは何もない。傍観者に留まってしまったソーントンは虚しい気持ちで正門の柱に座り込んでしまう。

『ワイルドバンチ』は、過去の西部時代に終焉を告げた。悪党に対する英雄の暴力に正当性を与えていた既存の西部劇の慣習を、徹底的に破壊したのだから。

『ワイルドバンチ』の登場人物たちが振るう暴力は、みな凶暴であり、破壊的である。銃撃戦の中には、老人と女、さらには子供に対してさえ、情け容赦なく発砲するシーンがある。生き延びるためには、何の関係もない人を弾よけの盾として犠牲にする。悪い者とさらに悪い者が存在するだけで、善良な存在は見つからない。勧善懲悪のプロットが成立しないのだから、当然英雄も存在するわけがない。そして、彼らは暴力によって破滅していく。この映画でペキンパーは、人間の暴力性は善と悪に関係なく同じように存在し、暴力がもつ破壊力によって、人間は自滅していくという厭世的世界観をためらいもなく表す。

『ワイルドバンチ』の激烈な暴力描写は、かつてないほど過激である点で有名である。ペキンパーは銃撃戦や暴力場面をあたかもバレエの振り付けをするように演出している。個々の被写体を、それぞれ異なるレンズと、フィルム回転スピードを設定した六台のカメラで撮った。それを精密なクロス・カッティングで表現する。『ワイルドバンチ』は、三千六百四十二ショットで構成されている（一九九七キム・ヨンジン 310）。一般的な商業映画のおよそ四倍のショット数である。

特にガンマンが銃に撃たれて死んでいく場面では、スローモーションと正常のショットをクロス・カッティングし、血まみれになって死んでいく瞬間を実際の時間よりも長く見せている。[*21] ポーターは当時の映画としてはかなり多いショット

＊21 普通、クロス・カッティング（cross cutting）と同じ意味で使われているパラレル編集（parallel editing）という用語がある。だが、スーザン・ヘイワード（Susan Hayward）によれば、パラレル編集とは異なった時間に起こる複数のアクションを交互につなぐことを指す。ヘイワードはパラレル編集の代表的な例としてアラン・レネ（Alain Resnais）監督の『二十四時間の情事（Hiroshima mon amour）』（一九五九）を取り上げ、ハリウッドではパラレル編集がほとんど使われないことを指摘する（388）。

数で『大列車強盗』の物語構造を補強していると先に述べたが、ペキンパーは増えたショット数のほとんどを、暴力描写に使っているのだ。

完成された『ワイルドバンチ』は、映画史上例をみないほど激烈な暴力描写によって、多くの論議を呼びおこした。ペキンパー以前の映画にも暴力描写はいくらでもあった。だが、それは緊張感を引き起こしたり葛藤を解決していく手段としての暴力であった。ペキンパーのように暴力自体を映画のテーマにしたことは、かつての映画には例がない。

サム・ペキンパーは以後、『わらの犬[*22](*Straw Dogs*)』(一九七一)、『ガルシアの首[*23](*Bring Me the Head of Alfredo Garcia*)』(一九七四)、『戦争のはらわた[*24](*Cross of Iron*)』(一九七七)など、少なくない自らのフィルモグラフィーを、暴力に対する考察が込められた映画によって満たしていく。特に『わらの犬』は、暴力描写が最も過激であるとされ、アメリカで議論を呼び起こした。

田舎に引っ越してきたアメリカ人の数学者夫婦が、自分たちに向けられる村の住民たちの暴力に対し、より激しい暴力で立ち向かうという内容の『わらの犬』は、アメリカの保守的な観客たちには受けが良かった。しかし、アメリカの評論家たちは暴力に対する考察が込められた映画の主題意識には共感を表わしたが、彼が映画で描写する暴力があまりにも過激であることを指摘し、ペキンパーに好意的

＊22　一九七一年／製作会社：タレント・アソシエイツ・フィルムズ、アマーブロッコ・フィルムズ、(ABCピクチャーズ・コーポレーション提供)／原作：ゴードン・M・ウィリアムズ『トレンチャー農場の包囲』／脚本：サム・ペキンパー、デヴィッド・ゼラブ・グッドマン／監督：サム・ペキンパー／出演：ダスティン・ホフマン、スーザン・ジョージ、ピーター・ヴォーン／一一八分

＊23　一九七四年／製作会社：マーティン・バウム＝サム・ペキンパー・フィルム／脚本：ゴードン・ドーソン、サム・ペキンパー／監督：サム・ペキンパー／出演：ウォーレン・オーツ、イセラ・ヴェガ、ロバート・ウェッバー、ギグ・ヤング／一一二分

＊24　一九七七年／製作会社：アーリーン・セラーズ・アンド・アレックス・ヴィニツキー・プレゼンテイション／原作：ウィリー・ハインリッヒ／脚本：ジュリウス・J・エプスタイン、ウォルター・ケリー、ジェームズ・ハミルトン、／監督：サム・ペキンパー／出演：ジェームズ・コバーン、マクシミリアン・シェル、ジェームズ・メイスン／一三二分

な反応を示そうとはしなかった。

サム・ペキンパーの映画はヨーロッパと日本ではたしかに評価が高い。一方で、残念ではあるが、アメリカ国内では次第に忘れられたと言わざるをえないだろう。だが、ポーターから始まった暴力描写の歴史が、ペキンパーによって大きく転換されたということは、これまで述べてきた事柄を例にとるまでもなく、否定できないのである。

第二節　深作欣二監督作品『仁義なき戦い』における暴力描写

日本はアジアで最初に映画を受け入れた国である。映画制作の拠点が集中していた他の国と違い、日本は映画草創期から時代劇と現代劇の制作拠点が京都と東京で二分化され、今でも持続されている。言いかえれば日本では、制作拠点が二分化されるほど時代劇が、現代劇と同じレベルで制作されたことを意味する。

アメリカの時代劇である西部劇がアメリカの初期映画産業を導いたのと同様に、日本でも時代劇は初期の日本映画産業を打ち立てるのに大きく寄与した主力商品であった。日本はアメリカと共に、時代劇の伝統が非常に強い国の一つである。日本は近代化されるまでの数百年間にわたり、武士が社会を支配したという歴史的な伝統を持っている。従って、日本の時代劇には武士が主役で登場する場合が多かった。京都で作られる映画の起源として位置づけられている牧野省三監督[*25]の『本能寺合戦[*26]』（一九〇八）は日本最初の時代劇であるが、同時に日本最初の剣劇映画でもある。

英語圏では *Jidaigeki* が剣劇として分類されるほど、日本の時代劇は明治維新以前の江戸時代や戦国時代を背景にした活劇的様相が強く表れた。[*27] アメリカの時代劇である西部劇がカウボーイを主役としたアクション映画だったとすれば、日本

＊25　「一八七八年京都生まれ。漢方医でありながら、維新当時の倒幕『山国隊』の隊長である父と、義太夫芸妓を母に生まれる。小さいころから芝居が好きで、母が千本座を手に入れたことから、千本座の役者を連れて真如堂で一九〇八年に『本能寺合戦』を撮る。この作品は京都ではじめて監督が作った劇映画となった」（吉田　4）

＊26　一九〇八年／製作会社：横田商会／監督：牧野省三／出演：中村福之助、嵐璃徳／上映時間不明

＊27　もちろん日本の時代劇の中でも色々なサブ・ジャンルが存在する。だが、海外に日本映画が知られるきっかけとなった作品が、黒澤明の『羅生門』をはじめとする時代劇であったことを考えると、日本映画を「時代劇」と「現代劇」で分ける区分法は、日本以外の国では一般的なことであったと見られる。ジャック・エリスは ***A History of Film*** で日本映画の主要なカテゴリーを「***Jidaigeki***（時代劇）」と「***Gendaigeki***（現代劇）」に分けて説明している。彼女は黒澤明の『羅生門』をアメリカで紹介された最初の時代劇として、また『生きる』を最初の現代劇として紹介している。エリスは日本映画のカテゴ

の時代劇である剣劇映画は侍が中心になったアクション映画だと言える。従って、日本映画でも暴力描写は映画初期から不可欠な要素であったと言える。

創成期における日本の時代劇は、日本の伝統芸術である歌舞伎からの影響が強かったと言われている。しかし、映画資本が大型化され、大量生産に入った一九二〇年台以降、時代劇は歌舞伎の伝統から少しずつ距離を置きはじめ、より映画的な表現方法を伴うものとなっていく。

当時、世界的に大人気を博していた西部劇は同じ時代劇であり、活劇的な要素が強かった日本の時代劇にもある程度、影響を与えたと見られる。忠誠と仁義、そして信頼関係で対立する善人と悪人という両極端的な対立構図、さらには歴史的な激動期を背景にした勧善懲悪のプロット、そして終盤部に葛藤を解決するために登場する強烈な暴力などは、西部劇のパターンとあまり変わらない。アメリカの西部劇と日本の時代劇は以後、互いに多くの影響をやり取りすることになる。ジョン・フォード監督に大きく影響を受けた日本の黒澤明が映画『七人の侍』(一九五四)という傑作時代劇を監督し、その黒澤明に影響をうけたアメリカのジョン・スタージェス監督は『荒野の七人(*The Magnificent Seven*)』(一九六〇)という映画で『七人の侍』をリメイクしたことは、映画史上においてよく知られている。*28

観客は道徳的な倫理に基づいた善人の豪快な暴力を、他者を傷つける暴力とし

リーを二種類で分けざるをえない理由として日本の明治維新による急激な社会変化を取り上げている。すなわち、明治維新による近代化が驚くほど急激だったため、現代の日本社会と過去の日本社会とははっきりした対照を見せていることを指摘する。また、韓国で出版されたキム・シウの『これが日本映画(이것이 일본 영화다)』では長い間続けられた幕府統治の影響で日本映画の時代劇は当然のように侍を中心に繰り広げられたと書いている。一方アメリカで出版された『フィルム・スタディーズ事典』では現代劇に対する言及はなく、時代劇を「サムライ映画」と表現し、次のように記している。「サムライ映画(samurai film):日本映画において、サムライ像に焦点を当てるある歴史ジャンルあるいは時代劇ジャンルのこと。サムライ映画は、第二次世界大戦後に日本で人気を博し、西洋では主に三船敏郎が出演する黒澤明監督の映画を通して認知されるようになった」(ブランドフォード他 134)

*28 ジャック・エリスは『七人の侍』がアメリカの西部劇と日本の時代劇の類似点を驚くほどよく示していると評価しつつ、特にジョン・フォードの西部劇と関連付けて説明

しなければならないと述べている（エリス　287）。

て認識せずに、葛藤の解決する手段として主人公が行うことに正当性を与えていた。日本の剣劇映画は、戦前から戦後、そして一九五〇年代の中旬までは全盛期を謳歌していた。しかし一九六〇年代を迎えるころになると、下火になりはじめる。左前になった時代劇の代わりに、何を作ればいいのか。何を作れば観客が集まるのか。七転八倒した挙句に、京都の映画の作り手は、新たなるジャンルを生みだした。時代劇に変わった新機軸それは「任侠映画」と呼ばれるアクション映画であった。

任侠映画の大半は、明治以降の近代日本を時代背景とし、任侠道を重んじて生きるストイックなヤクザと、金儲けや利権といった自らの欲望のためならばいかなる阿漕《あこぎ》な行為でも平気で行う敵役のヤクザが対立するという物語構造をもつ。一九六〇年代になると、任侠映画は日本のアクション映画の主流になった。日本の時代劇が歴史的な過去を背景にしたアクション映画であったとすれば、任侠映画は近代を背景にしたアクション映画である。

しかし、江戸時代から明治以降に時代背景を移したとはいえ、時代劇と任侠映画は全体的なプロット構造では、それほど変わらない。犯罪組織に身を置くヤクザ者を描写しつつも、時代劇と同じように善人と悪人で分ける二分的な対決構造をもつ作品が多い。任侠映画の主人公である善人は、葛藤を解決する過程において、対話や法律ではなく、暴力を使って悪人を退けるからだ。だが、このような対決様相に対して、七〇年代に入るとついに、任侠映画の美化論議を呼び起こす。「きれいごとばかりでは、世の中は成立しない」という意見が出始めたのだ。

あまりにストイックで美しすぎる任侠映画の論理に、観客が飽きてきた。任侠映画はやがて、当時悪化していた日本映画産業の不況と共に沈滞気味になる。任侠映画と入れ替わるように、深作欣二監督作品『仁義なき戦い』はもう一度ヤクザ、厳密にいえば「実録ヤクザ映画」のブームを引き起こす。

戦後、十年に渡って広島で実際に起きたヤクザたちの抗争を取材して描いた『仁義なき戦い』は、義理と人情のために命をかけた以前の任侠映画の典型から抜け出し、裏切りと陰謀に伴うヤクザたちの暗闘を描いた映画である。この映画でヤクザは善と悪に分けられることもなく、義理や人情によって動くこともない。ヤクザ連中は、ひたすら暴力に依存する。しかし深作は、彼らの暴力にいかなる正当性も与えない。

『仁義なき戦い』は、主人公の広能昌三がヤクザ世界に入るくだりから始まる。そしてこの映画は、仁義のないヤクザ世界に幻滅を感じ、彼らを後にしたまま歩いて遠ざかる広能昌三の姿で終わる。そして映画の中の全ての場面は、ヤクザたちの裏切りと陰謀、暴力に埋め尽くされている。特に実際の手記に基づいたこの映画の生々しい暴力描写は「実録ヤクザ映画」という新造語を生み出しつつ、ヤクザ映画の最後のブームを導いた。[*29]

『仁義なき戦い』の前半は、義理のために身を捨てるヤクザ映画の典型的な姿を描写する。

山守組の広能昌三は組織のためにライバルである土居組の親分を殺す。その過程で広能は、敵対する土居組の若杉と、組を超えて信頼関係を構築する。しかし若杉は、広能が服役しているあいだに、警察に射殺される。親分を失った土居組はやがて没落し、ライバルがいなくなった山守組はその余勢を駆って広島最大の暴力団となる。

だが山守組は、広能の服役中に、内輪で暴力抗争が起きて、崩壊することになる。世の中には、生きるための暴力だけが存在する、とでもいいたげに、山守組の組員たちは生き残るためにひたすら誰かを殺し、敵対するほかの暴力団からの攻撃に脅える組織になっていく。暴力の上に暴力をふるいながらも、彼らの暴力は映画の中のいかなる葛藤も解決できない。『仁義なき戦い』の後半部は彼らの殺し合いの過程を見せるだけである。

映画では中盤以後の時代変化を説明するために、朝鮮戦争や麻薬事業などをナレーションで聞かせている。しかし組員たちがなぜ急に変貌したのか、その理由

＊29　『仁義なき戦い』は、実際に起こった広島抗争を題材として、飯干晃一が著した同名実録小説に基づいてはいるが、脚本家の笠原和夫は著書に記すとおり、実際に何人ものヤクザと面談し、徹底的な取材をもとにして、脚本を書いている。深作自身もヤクザから直接話を聞いて、演出にあたっていることは広く知られている。

は説明されない。土居組が没落し、山守組が広島最大の暴力組織になった。だが、組員らは親分を暴力で脅かし、山守親分は組員の脅迫に対抗するために、他の組織と手を握り、身内の子分と暴力で立ち向かう。山守と組員が急に変わった理由が説明されないため、彼らの果てしない暴力が正当化されることもない。

『仁義なき戦い』は、緊張感を引き起こしたり、葛藤を解決する手段として暴力を描いているのではなく、暴力自体を映画的なテーマとして提示している。映画に登場する彼らの暴力は、どれも同じように凶暴で破壊的である。そして、彼らは暴力によって破滅していく。刑務所から出所した広能も、変化してしまった世の中に適応できないのみならず、ヤクザ連中の果てしない暴力を止めこともできない。強烈な暴力を使って葛藤を解決すべき映画の主人公が、傍観者に転落してしまったのだ。

広能昌三は『ワイルドバンチ』のソーントンと同様に無気力である。ソーントンは助演に近いが、広能はこの映画の主人公だ。広能は、両側から選択を強要されるが、最終的にはどちらも選ばない。ただひとり、誰の攻撃も受けない人物であるが、逆説的に言えば何も解決できない人物でもある。

ソーントンが、二百人以上が死んでいる廃虚の前で無気力に座り込み、世の中の変化を痛感したように、広能もまた友人である坂井の葬儀場で、これ以上自分の居場所がないということを悟り、その場を去っていく。西部劇の典型をペキンパーが逆転させたことと同じように、伝統的なヤクザ映画の枠組みを深作が逆転させているのだ。

だが、深作欣二がサム・ペキンパーに影響を受けたとはいえない。何故ならば、映画界に入門した時期（一九六一）も同じであるのみならず、映画のキャリアを積み重ねたのは深作欣二の方がサム・ペキンパーより早いためである。

サム・ペキンパーの作品活動が八十年代で終わった反面、深作欣二の作品活動は二〇〇〇年代まで続いている。『ワイルドバンチ』は時代劇にもかかわらず、事実に基づかない虚構の世界を描いたのに対し、『仁義なき戦い』は実録ヤクザ映画としては前例がないほど、事実に基づいた作品である、という点も違う。深作欣二は六十本に至る自分のフィルモグラフィーの大半を終始暴力を描写した映画で満たしている。晩年の監督作品である『おもちゃ』[*30]以外のすべての作品は、暴力もしくは死を主題としている。深作がどれほど暴力というテーマに集中したのかが分かろうというものだ。

何より重要なのは、アメリカ映画で暴力を話題の中心に引き込んだ代表的な監督がサム・ペキンパーであったように、同時代において日本映画で暴力というテー

＊30　一九九九年／製作会社：東映、ライジングプロダクション／原作、脚本：新藤兼人／監督：深作欣二／出演：宮本真希、富司純子、南果歩、喜多嶋舞、津川雅彦、魏涼子／一一三分

マに生涯こだわり続けた監督は深作欣二しかいないという事実であろう。二人とも時代劇の伝統が生み出した自国の代表ジャンルで活動し、そのジャンルの最後を飾った。サム・ペキンパーが西部劇を変容させたのち、アメリカで西部劇はほとんど滅び去った。深作欣二が生み出した実録ヤクザ映画以後も、日本においてヤクザ映画は制作されているが、かろうじて命脈を保っている程度である。

ペキンパーと深作は、互いに影響関係にあるとはいえないし、特定の流派を形成したこともない。したがってペキンパーと深作は、ポーターから始まった映画の中における暴力の歴史を、転換させた人物として同等に位置づけることができるだろう。

暴力というテーマを前面に示したサム・ペキンパーと深作欣二の映画は後代の監督たちに多くの影響を及ぼした。ジョン・ウー、クエンティン・タランティーノをはじめとし、アジアとヨーロッパの多くの監督が、ペキンパーと深作から受けた影響について言及している。

本書で論じる北野武は、フランスのジャーナリスト、ミシェル・テマンがフランスと日本で同時出版した『Kitano par Kitano』において、学生時代にはアクション映画やヤクザ映画以外は観なかったと言いつつ、ペキンパーの『ガルシアの首』と深作の『仁義なき戦い』を忘れられない作品として挙げている（218 : 227）。また北野は特に日本映画の3大巨匠として黒沢明、大島渚と共に深作欣二を取り上げ、彼に対する敬意を表わしている（228）。

北野武が深作と直接関係を持っていることは、記しておかなければならない。北野のデビュー作である『その男、凶暴につき』は本来、深作欣二がビートたけし（北野武）を出演させて作ろうとしたアクション映画であった。スケジュールの都合上、深作欣二は作品から降板する。そしてこの映画に意欲を持っていた北野武が主演と監督を兼ねることによって、この作品は誕生した。暴力における日本の重要な二人の監督が関係を持った瞬間である。

第三節　暴力映画の定義

映画の中に表現される暴力描写は、セックスと共にいつも論争の対象となった。そしてその論争の焦点は映画の中の暴力性と煽情性が及ぼす社会的な影響である。すなわち、映画の暴力描写が観客の行動に実際影響を及ぼす恐れがあり、映画の性的描写が社会のモラルを損なう恐れがあるということだ。

それで世界各国は直接的に、あるいは間接的に暴力の程度を規制している。しかし、セックスは規制の対象となっているが、規制できない対象でもある。なぜなら規制の水準を完全に越えてしまったポルノ映画が、検閲の手の届かないところに厳然と存在するためである。

Film as a Subversive Art のなかでアモス・ヴォーゲルは国際的に映画の中に描かれるヌードに対する明確な観点がないため、ヌードは禁止から放任へと変わってきていると指摘する。彼は「少女の手が縛り上げられたまま拷問される場面で、さらけ出された胸が見える部分は全て削除する」という六十年代ニューヨーク州の検閲判定を例として取り上げ、この判定にはヌードが暴力よりもっと危ないという、当時のアメリカ人の意識が反映されていると言う（322）。

現在アメリカをはじめとする多くの国で、検閲の水準を越えてしまったポルノ映画を見つけ出すことは難しくない。しかし検閲の手の届かない極端な暴力映画を見つけ出すことは容易ではない。これはすなわち、セックスの場合は大衆的に容認される水準を越えてしまった形でも存在することができるが、暴力はそういう形で存在することが難しいということを意味する。

ペキンパーと深作のように全生涯をかけて暴力というテーマに集中した監督がいたが、暴力を映画のジャンルとして規定することは未だに難しいということを、先に述べた。上述したように暴力は、数多くのジャンルで、映画の要素として頻繁に使われているためである。『ワイルドバンチ』も西部劇の変容ジャンルとして評価されているし、『仁義なき戦い』は実録ヤクザ映画と呼ばれている。

ジャンルとして「暴力」を定義することは難しいが、ポーターとペキンパー、深作、北野を結び付けるカテゴリーとしてならば、定義できるのではないか。アクション映画を「アクションを主体とした映画」として定義した田山力哉の意見に同意すれば、暴力映画を「他者に対する物理的な暴力を主体とした映画」と称することができる。そしてこの定義に基づくと、北野武の初期作を「暴力」というカテゴリーに分類することができる。

北野武は一九八九年のデビュー作『その男、凶暴につき』を監督して以後、『3-4×10月』、『あの夏、いちばん静かな海。』、『ソナチネ』にいたる三本の映画を撮り続けていく。美しい愛の物語が描かれている『あの夏、いちばん静かな海。』は例外的に暴力とはあまり関係のない作品であったが、『3-4×10月』と『ソナチネ』は『その男、凶暴につき』を連想させるほど、暴力のイメージがいろいろな形で表れている。北野武は第四作の映画『ソナチネ』に対して次のように語っている。

『ソナチネ』で、俺も映画人としてひとつのステップを越えられたって実感できた。そもそも、ピアノを習うとき、ソナチネを弾けるようになるっていうのは、基礎ができはじめたっていう意味でしょ（テマン 146)。

この回想は、『ソナチネ』までの作品を北野武の初期作として分類するのに一つの根拠になるだろう。実際に山根貞男は『キネマ旬報』一九九三年七月下旬号の「日本映画時評」において映画『ソナチネ』を「起承転結」の「結」で表現し、その以前の映画を「起承転」に該当すると指摘している。

一九九三年、『ソナチネ』がカンヌ国際映画祭の「ある視点」部門で上映された後、ヨーロッパのマスコミは『その男、凶暴につき』、『3-4×10月』と共に『ソナチネ』を『北野武三部作（Takeshi Kitano trilogy)』の終結であると評価した。[*31]

*31 ジョン・ウンヒョク 275

アメリカでは最近この三作品を『北野武の映画三部作（The Beat Takeshi Trilogy）』というタイトルでＤＶＤに同時収録して発売している。

絶えずどこかを歩いていく主人公、突然訪れる強烈な暴力、死を目前にして行う遊戯、海を背景にした虚しい死などは、この三作品を一つの連作として見る重要な根拠になり、以後の北野武作品を評価する核心的なキーワードになった。本書では欧米の例にならって、『その男、凶暴につき』、『３−４×10月』、『ソナチネ』を「北野武の暴力の三部作（Takeshi Kitano's violence trilogy）」と称することにし、この三本の映画に現れた暴力の様相が、北野武以前の暴力に対する観点と描写をどう変化させたのかを明らかにする。

第二章　映画『その男、凶暴につき』における暴力の様相

第一節　減算としての演出術

一九八九年に発表した北野武のデビュー作『その男、凶暴につき』[*32]は二〇一〇年までに彼が監督した十五本の長編映画のうち、自ら脚本を書いてない唯一の作品である。しかし、本人が脚本を書かなくてもこの作品には、これ以後に北野武映画に表れる暴力の様相を一貫して見ることができる。先に述べたように、『その男、凶暴につき』は本来、深作欣二がビートたけし（北野武）を出演させて作ろうとしたアクション映画であった。放送スケジュールで忙しかった北野武は深作欣二とスケジュール調整に失敗し、ついに深作欣二は作品から降板することになる。

このことについて、北野武は次のように回想している。

＊32　一九八九年／製作会社：バンダイビジュアル、松竹富士／脚本：野沢尚／監督：北野武／出演：ビートたけし、白竜、川上麻衣子、佐野史郎／一〇三分

もともと、この映画の監督として打診されてたのは俺じゃなくて、深作欣二監督だったの。俺はただ、この映画の主役にっていう話だった。で、深作さんは連続で六十日の撮影期間を要求してたんだけど、俺には撮影に費やせる日数が四十日しかなかった、しかもテレビ番組の収録の都合で週ごとに予定が変わってくるし。深作さんは、俺のこういうスケジュールじゃできないって。それで深作さんは、すぐにこの企画から降りてしまった。それでも、俺にはこの映画を作りたいという意欲だけは残った。だから、俺、独り言のように言っちゃったんだよね、俺なら四十日で撮ってみせるけどって（テマン135）。

妙な縁と言わざるを得ない。日本を代表する暴力美学の新旧巨匠である二人が奇妙に交わる瞬間であるためだ。過程や結果はともかく、二人が『その男、凶暴につき』にかかわっていることは、二人ともこの作品に意欲を持っていたということになる。それはこの映画が暴力というテーマと深い関係があることを推測する糸口にもなる。

プロデューサーの奥山和由が明らかにしているように、この映画は日本版『ダーティーハリー』を作ろうとしたのが当初の企画だったため、強い暴力描写はすでに予告されていた（ジョン・ウンヒョク 104）。当時、日本暴力映画の代表的な監督であった深作欣二がこの映画の企画に含まれていたことは当然のことかも知れない。

この映画を作るのに深作欣二は六十日の時間が要ると思ったが、北野武は四十日で十分だと思った。六十日と四十日の差は深作欣二がこの映画から降板し、北野武が監督でデビューする重要なきっかけになった。この発言は、北野武の単なる愚痴や慢心を越え、深作欣二の映画と北野武との映画に区切りをつけるものであると考えられる。

映画の中盤と後半に警察と結託した麻薬組織の親分、仁藤（岸部一徳）の事務室が四回に渡って登場する。巨大な白い部屋の中に机が一つだけぽつんと置かれている。こういった部屋の内部は他のヤクザ映画ではなかなか見られない。この独特の設定について、北野武は蓮實重彦とのインタビューで次のように語る。

あれは新築のビル借りたんです。美術さんってやっぱり仕事したいもんだから付け加えるんですよね。外すことをしないんです。「これはちょっとシンジケートの親分の感じじゃないな」と言うと、「じゃあここにロッカーを置きましょうか」とか逆にじゃんじゃん余分なものが増えていく。だからあの部屋、中のものを一回全部出しちゃったんです。テーブル一個にして、これでいいやってなっちゃったんです。だから美術さんたちは仕事してないような気がするんでしょうが、逆に勇気を出して仕事をしないことが仕事をしてることになるかもわからないですね（蓮見　166）。

この発言は北野武映画の形式的な特徴を示唆している。つまり、北野武は足すことより、引くことを通じて核心に近付いている。何もない真っ白の部屋に机を一つだけ置くのではなく、色々飾られた部屋から机だけ残し、他はすべて取り払う。阿部嘉昭は自分の著書『北野武 vs ビートたけし』でこれを「減算の演出術」と名付けている。[*33] 減算を用いた北野武の独特な演出はこの映画で一貫して使われている。

＊33　阿部嘉昭は『北野武 vs ビートたけし』で「北野武がいわば演出上の『減算』によってその『肉体』を際立たせたという秘法もまた、このインタビューから明らかとなる」と述べた（190）。『北野武 vs ビートたけし』はこれまで発刊された北野武映画の研究書の中で最も重要な著書である。この本は『ソナチネ』が公開されてから一年後に発刊されたため、研究の対象も北野武の初期作四本となっている。

第二節　足されているもの　我妻の歩行

まず、この映画のあらすじを簡単にまとめてみよう。

過激な暴力性のため、警察の内部でもアウトサイダーである我妻刑事（ビートたけし）。彼には知的障害者の妹・灯（川上麻衣子）がいる。ある日、麻薬組織の間で起きた殺人事件の捜査を進めていた我妻は、同僚の岩城刑事（平泉成）がその麻薬を横流ししていることに気づくが、それを黙認する。しかし、岩城は翌日、死体で発見される。

岩城が、口封じのために麻薬組織の殺し屋である清弘（白竜）に殺されたと確信する我妻は、偽りの証拠をでっちあげて清弘を逮捕する。我妻は清弘に暴力的な尋問で自白を強要するが、この不法行為が発覚し、警察を辞任することになる。それに対して清弘は我妻に復讐を誓う。灯を麻薬中毒にしたうえ、手下に輪姦させたのである。ついで清弘は我妻も襲うが、我妻は辛くも危機から抜け出す。我妻は不法銃器を購入し、麻薬組織の親分である仁藤を殺した後、最後の復讐のために清弘の隠れ家へ向かう（図2-1）。

北野武の演出法が、無駄と思われるものを徹底的に削除する「引き算」によるものだということは、広くいわれることである。しかし、『その男、凶暴につき』において、北野が「引く」のではなく、逆に「足す」演出も行っていることにまず注目したい。「引き算」の中に足されているもの、それこそが彼の描きたかったものを浮き上がらせると考えられるからだ。

上野昂志は月刊『シナリオ』一九九三年七月号の映画『ソナチネ』の作品評において北野武映画に登場する人物たちの歩行に対し、次のように書いている。

『その男、凶暴につき』の場合、もっとも強く印象に残っているのは、監

図 2-1
『その男、凶暴につき』監督 / 北野武（1989 年）
写真提供 / 松竹

督としてよりも、演技者としてのビートたけしの肉体である。（中略）実際、あの映画で、歩くたけしの姿が印象に残るのは、それだけキャメラを引き気味に据えて、ただ歩いているところを撮ったショットが多いからでもあるが、おそらく深作欣二が監督をしていたら、そうはならなかったはずである。深作なら、もっと別なところにこだわっただろうということと同時に、彼のようなベテランにとっては、あのようなショットは、物語の経済原則からしてムダだからである（25）。

上野昂志が指摘しているように『その男、凶暴につき』に登場する歩行場面は内容の割に、映画で占める比重が圧倒的に多いため、決して経済的とは言えない。それほど、この映画で我妻は歩きまた歩く。それが意図的な演出でないならば、当然減らすのが正しいだろう。

映画の前半と後半には一分以上続く我妻の歩行シーンが登場する。前半部は、橋の上から通りすがりの船に空き缶を投げ捨ててやじる子供たちと交差し、我妻が正面を向かって歩いてくる。その次の場面は警察署駐車場の前を歩いていく我妻を横から水平トラッキング・ショット*34でカメラがついていく。その次は警察署の廊下を歩いてくる我妻が、事務室にある自分の机の前に座る。これで我妻の歩

*34　水平トラッキング・ショット(lateral tracking shot)：トラッキング・ショットとは地面に敷かれたレールの上にドリーという車付きの台を据え、その台の上に乗せられたカメラから撮影するカメラワークを指す。また、被写体の動きを側面から水平に追って撮影することを水平トラッキング・ショットと呼ぶ。

行は終わる。このすべての過程を約二分の間、詳しく見せる。

後半部の歩行時間は前半部よりも少し短くなっている。だが、前半部よりも、さらに意識的に歩く姿を見せる。

麻薬中毒者から岩城を殺した犯人が清弘であることを聞いた我妻は、麻薬中毒者の家から出てゆっくり電車の駅まで歩いていく。途中、歩道橋で清弘と出会うが、清弘にまだ会ったことがない我妻は彼だと気づかず、そのまま通り過ぎる。そして駅まで辿り着いた我妻は突然、歩いてきた道を遡って走り出す。麻薬中毒者の家に再び戻ってみるが、彼はすでに清弘に殺された状態で見つかる。直前まで生きていた人が、殺された死体に変わっているのだ。我妻が行き来するあいだに、生きている人が死んだのである。

前半と後半に渡って我妻が歩くのは歩道橋、橋、小道、廊下のような狭い道である。前半部の歩行はあき缶を投げ捨てる子供たちの暴力から始まり、そのような暴力を抑制すべき警察署までの過程である。後半の歩行は死ぬ直前の麻薬中毒者の家から始まり、死んだ後の麻薬中毒者の家に戻る過程である。つまり、前半部の歩行は暴力と抑制の間の過程で、後半部の歩行は生と死の間の過程である。その両極端な概念の間を歩く我妻の歩行は、無意味に思われる。

この歩行について、上野昂志は『フィルムメーカーズ［2］北野武』において「物語の境界線を歩く」と書き(43)、阿部嘉昭は『北野武 vs ビートたけし』において「自分の肉体の微妙な資質を裸形にする」[*35]と表現している。

しかし、このような評論家たちの評価とは別として、我妻の歩行が観客に無意味に感じられるのは仕方ない。極端な概念の間を歩く我妻の歩行は、異様なほど長時間続く。

前半部、警察署駐車場の前を歩いていく我妻を水平トラッキング・ショットで追っていく場面に戻ってみよう。我妻の姿を横から捉えた画面の構図は普通のサイズとは違う。フレーム上段は我妻の鼻の部分で、フレーム下段は我妻のヒザとふくらはぎの間で切られている。こういう画面は実験映像でも例がないほど奇妙な画面構図である。その間はただ、我妻の歩行が単純に反復されるだけである。

反復されるのは我妻の歩行だけではない。暴力と抑制がぶつかる地点も反復される。映画の中盤部、我妻をはじめとする五人の刑事が清弘に殺害された麻薬購買者の常連を襲う。まず、四人の刑事が犯人のいる部屋に襲いかかり、我妻以外の三人の刑事は非暴力的に犯人を捕まえようとする。しかし三人は、逆に犯人にひどく殴られて誰も逮捕することはできない。その後、ベランダから逃げ出した犯人はマンションの外で潜伏していたもう一人の刑事とぶつかる。

北野武はこの刑事と犯人の激闘の姿を一分二十秒の間、スローモーションで見

*35　映画中の歩くシーンがこれほど詳しく描写された映画がなかったため、この歩行シーンに興味を示した評論家は多い。特に阿部嘉昭はひとえに一つのアクションを「持続」させる北野武の演出法に注目し、次のように述べている。「たけしの歩行がフル・ショットからバスト・ショットで捉えられると一歩ごとの右半身の揺れがより大きくなるように思えるのは錯覚だろうか。いずれにせよ上体に爆弾を抱え込みながら力強い推進力で歩くその歩き方は、腰と膝に相当の負担がかかっているはずだ。それにしてもただ歩き方一つを述べるのにこれほどの説明を要する歩き方とはいったい何なのだろう。しかしその歩き方は複雑な機構に支えられているとはいえ、歩行シーンのフル・ショットがこれだけ繰返されるこの映画によって、確実に解剖できる」(60)

せる。先の刑事たちと同じように、この刑事も犯人を非暴力的に捕まえようとするが、再び犯人にひどく殴られる。先に見せた同じ状況を繰り返して見せるのは、同じ歩行を繰り返して見せたことと同様に、経済原則から見ると必要がないと言える。

意図的ではないならば当然、省略するか減らすべき場面を、北野武はかえってスローモーションで増やしている。同じ状況の反復に終わらず、二番目の反復をさらに拡張しているため、これは意図的であると見るしかない。両極端の概念を区分しづらくさせつつ、その間の過程を反復、拡張しているならば、それを通じて得られるのは、無化の効果しかないだろう。つまり、意図的な無化を通じ、観客が自ら意味を探し出すよう仕向けるブレヒト的[*36]な演出手法と言える。言い換えれば北野は、生と死、暴力と抑制のような両極端の概念の差が、意味をもたないものであることを表わすために、意図的に構図を破壊した奇形的な構図と反復、拡張を用いて、観客を覚醒させているのである。[*37]

このような背景のもとで見ると、続く追撃シーンには、北野の描く暴力の意図が表れていることがわかる。車で犯人のすぐ後まで追いかけた我妻は、いかなる警告もなしに犯人を車で轢いてしまう。我妻の後輩刑事である菊地は我妻の過激な暴力を非難するが、まだ死んでない犯人は野球バットで我妻と菊地に襲いか

＊36　「ブレヒト的（Brechtian）：ドイツの劇作家・理論家（また一時はシナリオライターでもあった）ベルトルト・ブレヒトの思想と実践に由来していること、あるいは、その影響を受けていることを指す。政治化された自己言及的（自己言及性）な演劇形式に関するブレヒトの思想は、特に一九六〇年代、七十年代を通して、演劇と同様に映画にも影響を与えてきた」（ブランドフォード他　323）

＊37　本書では「無化の効果」と名づけたが、本来の用語は「距離化（distanciation）」である。『フィルム・スタディーズ事典』では「距離化」について次のように説明している。「観客を目の前で行われているスペクタクルから引き離すプロセス。観客を没入させるという古典的ハリウッド映画やその他の主流映画の特徴とは逆のプロセスである。距離化ないし遠隔化の概念は一九二〇年代に二つの流れによってとりわけ発展した。一つは、映画、演劇、写真において、ソビエトの芸術家が『疎外（ostranenie）』の概念から発展させたもの。もう一つは、叙事詩的演劇についての概念と、その後の異化効果という考え方から、ドイツのベルトルト・ブレヒトが発展させたもの

かる。辛くも危機から抜け出した我妻は、もう一度車で犯人を攻撃する。しかし、犯人は追ってくる我妻の車を避けようともせず、むしろ我妻の車に向かって歩みより、ついに車に轢かれてしまう。暴力的な犯人を捕まえる者は、はるかに暴力的な我妻である。

ついで、意図的に崩された暴力と抑制の描写を見るために、我妻が清弘を逮捕する過程を見よう。

清弘：「（令状を見直して）シャブだと、シャブがどこにあるんだ調べてみろ」
　我妻、にやっと手を上げる。
　そこにはシャブのパケと注射器。
我妻：「あった」
　唖然とする菊池。
　清弘、あきれて、
清弘：「てめえ恥ずかしくないのか」
我妻：「服きろ」

（『キネマ旬報』一九八九年八月上旬号　100–101）

である。距離化の目的は、古典的映画（および演劇）ではふつうの受動的で政治化されていないぼんやりとした観客を作り出すことではなく、積極的で政治化された観客を作り出し、芸術の過程と、演じられている作品のイデオロギー性に気づかせることにある」（ブランドフォード他 88）

証拠を提示すべき我妻は偽りの証拠を提示し、逆に犯罪者の清弘が我妻に恥ずかしくないかと訓戒をしている。誰が刑事で誰が犯罪者なのかが分からないほど二人の立場が変わっているのである。犯人と刑事が本質的には、暴力の世界を呼吸する類似した存在であることを表すと同時に、両極端の概念を意図的に崩しているのである。

第三節　「対話」としての「暴力」

映画の冒頭は五人の少年が抵抗する力もない公園の浮浪者に襲いかかる場面である。

浮浪者が少年たちから暴行され、気を失って動かなくなった後、少年たちは家に帰る。少年のうちの一人が家に入った後、尾行してきた我妻がひそかに現れ、少年の家に追って入る。少年の部屋まで乱入した我妻は否応無しに少年を殴りつけ、四人の仲間を連れて明日警察署に出てこいと脅迫する。「俺、何もやってないよ」と抗弁する少年に我妻は「何もやってないのか？　じゃ俺もなにもやってないな、こら」と、頭突きを食らわす。翌日、少年たちは警察に自首することになる。

『その男、凶暴につき』で少年が我妻に抗弁した「俺、何もやってないよ」というせりふは重要な意味を暗示している。何故ならば、この映画で行なわれる暴力には、明確な因果関係がないためである。少年たちが浮浪者を襲いかかったことには証拠がない。我妻が目撃したと見られるが、映画では我妻が現場を目撃する場面を見せてくれない。

岩城が自殺ではなく清弘に殺されたということも証拠がない。単に心証が存在するだけである。しかも我妻は、証拠がないにもかかわらず、証拠を探し出そうとする努力もしない。かえって暴力で少年を自首させ、偽りの証拠を突きつけて清弘を逮捕する。

警察官が犯罪者を逮捕するためには証拠が必要である。そして、警察官に相対する者は犯罪者であるため、ある意味で、証拠は警察と犯罪を繋ぐ通路のような物である。この通路を探そうともしない我妻の態度は、究極のところで意思疎通の不在を生み出す。我妻が意思疎通しようとする意志がないため、犯人たちも当然、「何もやってない」と抗弁するのである。

しかし、我妻が少年の家に乱入した件と、清弘に暴力で尋問した件は証拠が残り、それが我妻の辞職につながる。そして、我妻は警察を辞めてから映画が終るまで一言もせりふがない。せりふがなくなってからの我妻の暴力は、より一層執拗になっていく。

我妻は「やりすぎ」という言葉では足りないほど暴力に執着する。このような我妻の暴力性は、意思疎通の不能に起因すると見られる。『その男、凶暴につき』では円滑に持続する対話が存在しない。映画の前半、我妻が妹の灯を連れて病院から退院する場面は、その代表的なものといえよう。病院から歩き出し、タクシーに乗って家に帰るあいだ、二人は何も話さない。窓越しに外を見ていた灯がひとこと「おまつりね」と言う。その次、タクシーから降りた二人は何も言わずに祭りが行われる街を歩く。そして、真昼だった時間帯がいつのまにか日暮れに変わり、海辺で無言のまま海を眺めている二人の姿に場面が変わる。灯をふと見ていた我妻が「帰ろう」というと二人は待機しているタクシーに向かって歩く。

映画では灯が何の病気にかかっているのか、二人が何の話を交わしたのかを全く見せない。この場面で二人の関係性が曖昧に感じられるのはこの映画の描写方式が不親切なためではなく、この場面で表わそうとしたのが意思疎通の不能だからである。

意思疎通の不能は、まだまだ続く。麻薬組織に岩城が関わっていることに気づいた我妻は、その件について沈黙する。この問題について我妻に声をかけるのは岩城である。二人はコーヒーショップで深刻な対話を続けているが、外から窓越しに見える二人の対話は声が聞こえない。そして、岩城はその翌日、自殺した死体となって発見される。二人の対話は聞かされなかったため、岩城が罪悪感で自殺したのか、それとも麻薬組織に殺されたのかは、観客には分からない。警察は岩城の死を自殺と結論づけるが、我妻は他殺であると確信する。しかし、警察も我妻も、証拠を探し出そうとする努力はしない。

証拠に対する無関心は、麻薬組織の間に起こった殺人事件を捜査する我妻の態度をみてもわかる。埠頭で起きた事件現場に現れた我妻は、殺人現場をかなり離れた所からさっと眺めるだけで、現場に近付こうともしない。むしろ証拠を探している警察たちに背を向け、同僚の刑事にお金を借りている。その我妻の姿は、彼がどれほど証拠に興味がないのかを語っている。

映画の冒頭に戻ろう。

少年に暴力を行使し、自首させた我妻に刑事課長の荒木（浜田晃）は、現場にいたのかと尋ねる。我妻は偶然であると答える。暴力の現場を刑事が目撃したとすれば、犯人を現場で逮捕するか、支援を要請するかが、一般的な行動だろう。しかし、我妻はそれが違法であるにもかかわらず、一人の少年に暴力を行使する。果たして、我妻は偶然にそこにいただけなのだろうか？　誰かに暴力を使いたくて、その現場をずっと見守っていたのではないだろうか？

このような疑惑の念さえ抱かせる。その理由は、我妻が振るう暴力が、自分を守るためののっぴきならない暴力ではないためである。特に、我妻が行使する暴力は必ず一人の対象に向かっていることを見ると、疑惑はより一層深まる。我妻の暴力は破壊的な本性に留まらず、疎通の不能に答えようとする我妻のコミュニケーションのように思えてくる。

荒木：「お前、現場にいたんだろ」
我妻：「偶然です」
荒木：「じゃ、そこで逮捕しろよ」
我妻：「ひとりじゃどうにもならんでしょ」
樋口：「少年の家に押し入って暴力で自首を強要するとは、警察官のやることかね」

（『キネマ旬報』一九八九年八月上旬号　92）

我妻は現場で逮捕しなかった理由として「ひとりじゃどうにもならんでしょ」と言うが、相手は中学生にもなってないような少年たちである。以降の我妻の過激な暴力性を考えると言い訳に過ぎないと言っていい。このような疑惑は我妻が麻薬組織の親分である仁藤を殺す場面でも現れる。刑事を辞職した我妻は違法に拳銃を購入し、仁藤を射殺する。だが我妻は、そのそばに立ち、事件を目撃した組織のナンバー2である新開（吉澤健）は殺さず、かえって彼から目を背けて去ってしまう。我妻は証拠に背を向けていたように証人からも目をそらしているのだ。

映画のクライマックスで我妻は清弘の隠れ家を襲う。そこには血まみれになった清弘が我妻の来るのを待っている。自分に銃を撃ってくる清弘に向かって我妻はゆっくり歩きつつ、拳銃を撃つ。しかし、証拠を探そうとしなかったことと同じように二人とも弾を避けようともしない。相手が撃った弾を受けながら、さらに相手に発砲する。その行為は我妻にとって、清弘と対話を交わす行為と同じである。

意思疎通の不能に対する暴力的な行動は、情緒的な部分だけではなく、性的な部分まで拡大される。清弘が岩城を殺害したと心証を固めた我妻は清弘が泊っているホテルを訪ねる。そこで我妻は清弘が同性愛者であることを知る。そののち、清弘にあまりにも残酷な暴力を行使する我妻の態度は、岩城に対する復讐とみなすには過度に暴力的である（図2-2）。我妻は清弘が同性愛者であるということに対して嫌悪の念をもち、そのことが過度な暴力となって表現されていると考えられるだろう。このような我妻の性的な潔癖性は妹にも同様に表現される。

映画の中盤部、灯の家を訪ねた我妻は妹がある男と一緒にいるのを見つける。突然、現れた我妻を見て逃げようとするその男を我妻はバス停留場まで見送る。その男と妹は肉体関係にあると疑っていた我妻は一緒に歩いていく間じゅう、彼に過度な暴力を行う。映画後半部に清弘の手下に輪姦された灯を銃で殺すのも、同じように性に対する潔癖さから、輪姦された灯が哀れではあるけれど、許すこともできなかった、ということのように思われる。

以上のように我妻の暴力の特徴は極めて習慣的で、一人に対する暴力であることが分かる。暴力的な性格のため、警察内部でもアウトサイダーで家族とも適応できない姿を見せているが、そうなっても彼が暴力を断念することはない。警察を辞職し、違法拳銃を購入してからは一言のせりふもなく、暴力のみをふるい続ける。

対照的に、言語を用いた我妻の対話は、非常にぎこちなく描かれる（図2-3）。

図 2-2（上）、図 2-3（下）
『その男、凶暴につき』監督 / 北野武（1989 年）
写真提供 / 松竹

映画の前半部、警察署に出勤した我妻は新任署長の吉成（佐野史郎）が我妻を呼んでいると、荒木から言われる。しかし我妻は全く動かない。顔の表情が変化することもなく、身動きもしない我妻の姿は新任署長に会いたくないというより、言語を通じたコミュニケーションに適応できないような印象を与える。見るに見かねた同僚の刑事から「おい我妻、署長さんがお呼びだよ」ともう一度言われ、ここではじめて気づいたように動き始める。それでも、ドアに向かって歩く我妻の姿は非常に遅くて不自然に表現される。

我妻は言語を通じた対話能力をもたない男なのである。我妻はしかし、いわば暴力を用いることで対話をしている。拳銃を買う代わりに言語を失ってしまう、それは弾丸が言語の代わりになっているからだ。我妻の暴力は破壊的な本性に留まらない。意思疎通の不能に答えようとする我妻の対話方式とも言えるのである。

それ故に、我妻は暴力を通じたコミュニケーションには非常に早く、効率的で、直線的な姿を見せる。我妻が違法拳銃を購入し、最初にとる行動は練習射撃である。次は銃で仁藤を撃ち殺し、その次は清弘を、最後には麻薬を求めている妹まで殺す。このすべての暴力の過程は交差編集なしで連続したシーンに繋がっている。

最初の練習射撃は対話の相手がいないため射撃自体、つまり独白で終わるが、二番目からは対話が成り立つ。仁藤は自分に訪ねてきた我妻に向け、「私は知りませんよ。あいつは気違いですから」とすべての責任を清弘に押し付ける。我妻は仁藤へ返事として拳銃を撃つという行為をとる。

次にくる清弘と我妻の対話は「暴力の対話」そのものである。我妻が清弘に向かってゆっくり歩いているうち、清弘は我妻に規則的に八発の弾を発射する。次に、我妻が清弘に二発を発射し、清弘はその答えとして我妻に向かって三発の弾を撃つ。最後に我妻が清弘に三発の弾を発射し、これで暴力の対話は終わる（図2-4）。

図 2-4
『その男、凶暴につき』監督 / 北野武（1989 年）
写真提供 / 松竹

このことを対話と規定する根拠は二人の発砲が全く重ならないという点と、二人とも弾丸を避けようともしないという点のためである。彼らは相手の射撃が終わった後、自分の弾を撃っている。それを通じて規則的な暴力の対話を見せている。また、最後に麻薬を求めている妹を、我妻は言語を通じて助けられない。我妻はすでに言語を通じた意思疎通がまったくできない段階まで来ているのである。

『その男、凶暴につき』は北野武の作品の中で唯一自ら脚本を書いてない作品だと先に述べた。その意味でこの作品を以後の彼の作品と比べて、異質だと見る意見も存在する。北野武はこの映画の監督を引き受ける条件としてシナリオの修正を要求したという。野沢尚が書いた原本シナリオに比べて、この映画が最も違う点はディテールとせりふが大幅に削られている点である。[*38] ディテールの削除は監督の意図によって決定できるが、せりふの半分ほどを削った点は原作者である野沢尚がこの映画に対し、不快感を表現することになった重要な要因であった。[*39]

野沢尚は自分の著書『映画館に、日本映画があった頃』においてこの映画が傑作であることは認めているが、その原因はスタッフに恵まれた環境における「まぐれ」の産物だと評価を切り下げている。[*40] 変更前の脚本を自身の長編小説『烈火の月』(二〇〇四)の原作として使っているが、これは自分の原作と北野武の手が入った脚本を完全に差別化させようとする意図であると見られる。

***38** 大場正明は『フィルムメーカーズ[2]北野武』で野沢尚のシナリオ原本と実際映画を比較し、その差異を五ページにわたって詳しく分析している。具体的には冒頭の少年たちによる浮浪者襲撃、郊外住宅地のイメージ、そして岩城が麻薬を横流ししていたやむを得ない事情などのディテールやセリフが大幅に省略されたことを指摘している(52-58)。

***39** 興味深いのは、『仁義なき戦い』を生み出した名コンビである深作欣二と脚本家・笠原和夫のあいだでも同じ葛藤があったということである。カメラマンを務めた吉田貞次へのインタビューによると、深作を監督として起用することに反対したのは笠原だったという。笠原が勝手に脚本を直す深作に不快感を表現したため、「深作さんが脚本を直さないと約束して、ぎりぎりになって監督に決まりました」(山根・米原 110)

***40** 野沢尚は監督としての北野武の能力について評価を切り下げたが、この映画それ自体は高く評価した。彼は自分の著書『映画館に、日本映画があった頃』で次のように語る。「悔しかったのだ。傑作だと思っ

しかし逆に考えれば、野沢尚が差別化を試みる程『その男、凶暴につき』の修正された脚本は北野武の個性が強く込められた作品とも言える。実際に北野武映画の全編を貫く主題意識、すなわち暴力と抑制、生と死の属性は結局、同じものであるという自分の世界観が、この映画でもくっきりと表れている。こういう面で『その男、凶暴につき』を北野武映画の原点として見なすのが当然であろう。

この映画が北野武映画の原点であることは、監督第二作『3－4×10月』を分析することで、さらに明らかになるだろう。

た。北野武の『その男、凶暴につき』は、『仁義の墓場』以来、日本映画が最も不得意としていたバイオレンス映画の範疇で、数少ない成功した作品ではないだろうか。エンディングの形が、僕が脚本打合せの時に『参考に見てください』と教えたフリードキンの『狼たちの街』にそっくりだとしても、やはりこれは傑作だ」(22-53)

第三章　映画『3－4×10月』における暴力の様相

一九九〇年に発表された『3－4×10月』[*41]は北野武の監督第二作である。予期せぬ状況で監督することになったデビュー作『その男、凶暴につき』が、興行と批評で平均以上の評価を得た一方で、初めから多くの準備を経て意欲的に制作したこの映画は、興行的に惨敗し、批評でもいい評価を得ることができなかった。

『3－4×10月』が公開された直後のテレビ番組で、北野武はこの作品について映画評論家・田山力哉と論争を行った。田山力哉は、「俳優として発散していた毒が、監督作には感じられない」と批判したが、北野武は相変らず自身を映画監督・北野武ではなく芸能人・ビートたけしとして観ている評論家たちに対し、さびしさを吐露しつつ、この作品に対する愛情を表した。[*42]

『3－4×10月』において北野武は出演と監督のみならず、脚本まで担当している。北野武はこの作品を企画する段階で『その男、凶暴につき』のシナリオライ

＊41　一九九〇年／製作会社：バンダイ、松竹富士／脚本：北野武／監督：北野武／出演：ビートたけし、小野昌彦、石田ゆり子／九十六分

＊42　この番組は一九九〇年十一月十二日に放送された「どーする!? TVタックル」で、引用の出処は『カイエ・デュ・シネマ・ジャポン』0号に所収された篠崎誠の論文「不機嫌に闘い続ける者たち」である。田山力哉の発言に対し、北野武は次のように答えた。「そんな馬鹿なことはない。もし、ビートたけしという存在が素晴らしいのなら、俳優をやろうが、監督をやろうが素晴らしい成果をあげるのは当然だ」(88)

ターであった野沢尚に脚本を再び依頼するが、野沢尚は断る。野沢尚は自著『映画館に、日本映画があった頃』において、北野武の実力を一鑑賞者として見極めたくて、脚本の提案を断ったと記している(23)。

その意味でこの作品を前作『その男、凶暴につき』と区別し、作家としての北野武の実質的なデビュー作と見る意見も存在する。制作条件上の差やいくつかの異質な要素があったとしても、『3-4×10月』には『その男、凶暴につき』から始まった北野武の暴力に対する執拗な関心が一貫して表現されている。暴力の拡大と再生産の過程は、これらの作品と緊密な関係を持っている。

山根貞男の表現によると、『3-4×10月』は「承」に該当する。何よりもこの作品で注目すべき点は暴力を描写する北野武の執拗さである。北野武は、前作『その男、凶暴につき』で暴力を通じたコミュニケーションという暴力の新しい様相を提示した。そして『3-4×10月』においても、執拗に暴力の本質を暴き出している。

第三章においてはまず、『3-4×10月』に表れた暴力の様相を分析し、それを表現する北野武の演出を『その男、凶暴につき』と比較しつつ、分析する。それを通じて『その男、凶暴につき』から始まった暴力の様相が、『3-4×10月』ではどのように拡大、再生産されたのかを確認するためである。そして、『3-4×

10月』に表れた執拗な暴力の描写を通じて、北野武が究極的に表現した暴力の意味を明らかにしたい。

第一節　『3－4×10月』の暴力描写

一　二分化と反復の設定

まず、この映画のあらすじを簡単にまとめてみよう。

ガソリンスタンド店員の雅樹（小野昌彦）は草野球チーム「イーグルス」のメンバーだが、無気力に陥った雅樹の顔にはいかなる意欲も感じられない。ある日、仕事に入った雅樹は暴力団大友組組員・金井（小沢仁志）に仕事のやり方を非難され、その場で金井から暴行を受ける。ガソリンスタンドの店長は金井に頭を下げて謝るが、逆上した雅樹は金井に殴りかかってしまう。金井はこのことに因縁をつけ、社長を脅迫する。翌日、金井の兄貴分・武藤（ベンガル）までガソリンスタンドに訪れ、金銭を要求する。この事件がきっかけで雅樹の中で何かが変わる。喫茶店のウェイトレス・サヤカ（石田ゆり子）をデートに誘い、野球の試合ではホームラン性の打球を飛ばす等、より行動的な姿を見せる。草野球チームの監督の井口（井口薫仁）は、いまは堅気となってスナックのマスターをしているが、かつて大友組の組長・大友（井川比佐志）と兄弟分であった。彼は窮状に置かれている雅樹のために大友組に乗り込むが、逆に大友組の襲撃を受け、半殺しの目にあう。雅樹は井口の敵討ちのために銃を手に入れようと、チームの仲間・和男（飯塚実）と共に沖縄へ向かう。

雅樹と和男は沖縄で、組織の金を使い込んで破門寸前のヤクザ、上原（ビートたけし）とその舎弟・玉城（渡嘉敷勝男）に出会う。上原は米軍の軍人を騙して機関銃を手に入れ、その半分を雅樹に分けてやる。上原はヤクザの事務所へ乗り込み、機関銃を乱射して組長とその部下たちを皆殺しにする。しかし彼らは、東京に戻る雅樹と和男を空港まで見送りに来たとき、追ってきたヤクザに撃ち殺されてしまう。東京に戻った雅樹と和男は拳銃を持って大友組の事務室に殴り込もうとするが、銃の安全装置の外し方が分からず、逆にヤクザたちにリンチをうける。逃げ出した雅樹はサヤカと共に、ガソリンスタンドのタンク・ローリーで大友組の事務室に突っ込み、自爆する。だが、それらはすべて、雅樹が便所の中で見た夢だった。用を足した雅樹は野球場へ走っていく。

映画『3-4×10月』のストーリーは大きく二つに分けることができる。雅樹を中心とした野球チームのメンバーが、東京でヤクザとの戦いに巻き込まれる過程を描いた前半部と、復讐のために銃を手に入れようと沖縄へ行った雅樹と和男が、沖縄のヤクザ上原と玉城に出会い、銃を手に入れる過程を描いた後半部である。

大きく二つに分かれるのはストーリーだけではない。北野武がインタビューで自ら明らかにしているように映画のすべての事件は雅樹の夢であった。つまり、映画は現実と夢に分かれることになるのだ。映画に登場する場所も東京と沖縄に分けることができ、対決の様相も野球チームのメンバーと大友組との対決に集約することができる。

沖縄で雅樹は二人の外国人に出会うが、一人は黒人ホステス・ジェニファーで、もう一人は銃を売る白人男性である。野球の試合も二回行われている。一回目の試合で雅樹は無気力に三振でアウトになるが、二回目の試合ではホームラン性の打球を飛ばす。

映画の一回目の試合、背番号四の選手がベンチの付近で危険なバットの振り回し方をすると、井口は体を避けながら「危ないよ！」と警告する。二回目の試合でも、背番号四の選手が再びベンチの近くでバットを振り回し、井口はまた体を避けながら「危ないよ！」と同じことを言う。野球場でよくあるハプニングであるが、同じハプニングが二度反復されるということは意図的な演出と見るしかない。二分化の設定が反復を用いる演出にまで、拡大されていることが分かる。

二分化と反復を用いる演出は、沖縄でも続く。組織のカネを使い込んで破門寸前のヤクザ上原は、組の幹部から今まで使ったカネと上原の指を持って来ることを命令される。すると上原は舎弟の玉城に自分の愛人、純代とのセックスを強要した後、純代に手を出したということで玉城に自分の代わりに指をつめさせる。玉城は仕方なく自分の指をつめようとするが、恐怖でなかなかできない。すると上原は和男の助けを借りて玉城を押さえ込み、純代が持ってきた「忍耐」と刻まれている将棋の駒と同じ五角形の木の置物で玉城の指をつめるのに成功する。

不条理な暴力とギャグ的シチュエーションが絡んでいる場面であるが、この場面は後半部の銃撃シーンと緊密につながってくる。

米軍を騙して機関銃を手に入れた上原は機関銃を沖縄特産の花（バード・オブ・パラダイス）に隠し込み、ヤクザの事務所へ行く（図3-1）。ヤクザ連合の組長が座っている机の上には玉城の指をつめる時に使われたのと同じ、「忍耐」の木の置物が立てられている。カネと指を持ってきたかと尋ねる組長に玉城の指を渡した上原は、花束で偽装した機関銃を乱射し、組長とその部下たちを殺してしまう。暫くして、机に座って切られた自分の指を残念な目で眺めている玉城の下では、唯一生き残った女秘書と、強制的に情交を結ぶ上原の姿が見える。

右で描写した二つのシーンは一つの糸で繋がっている。玉城の指をつめるために、正当な理由もなく自分の女と性交を強要した上原は、重たい木の置物を使って玉城の指をつめる。しかし、玉城の指を渡す為に訪ねた組長の机の上に、それと同じ木の置物が置かれていた。その置物がなぜそこにあるのかについて、映画は説明しない。

ヤクザの事務所で規則的に機関銃を乱射した上原は、死体と銃弾の破片が散らかっている事務所の中で、よく知らない女とぎこちない情交を結ぶ。映画上では上原のセックスと玉城のセックスにどういう関係があるのかが分からない。しかし玉城と純代のセックスと同じように、上原と女秘書とのセックスも、義務的に

図 3-1
『3-4 × 10 月』監督／北野武 (1990)
写真提供／松竹

しか見えない。

『3-4×10月』は北野武映画の中で唯一音楽がつけられていない映画である。この映画にはテーマ曲を含み、BGMも特殊な音響効果もなく、映画のエンドロールには音楽担当スタッフの名前も入っていない。松竹というメジャーな配給会社を通した商業映画としては非常に実験的な試みと見ることができる。[*43] 唯一音楽を聞くことができる場面は、映画の中盤に出る沖縄のカラオケのシーンである。

沖縄で偶然に出会った雅樹と和男、上原と玉城がカラオケで一緒に酒を飲んで遊んでいるうちに、ヤクザ組員二人が入ってきて上原を見つける。ヤクザ組員らは上原に「こんな店で飲むカネがあるんだったら組に出たらいいんじゃないのか」と上原に皮肉を言う。黙って座っていた上原は暫くして、テーブル上に置いてあるビール瓶で組員の頭を殴りつける。上原の行為に怒り、反撃するヤクザ仲間は、黒人ホステスと踊っていた玉城のボクシング仕込みのパンチで封じられる。自分の席に戻って不機嫌な顔をしていた上原はしばらくして、テーブルに残っていたビール瓶でもう一度、組員の頭を殴りつける。反撃するヤクザ仲間は再び玉城のパンチをうけてなぎ倒される。

この事件が起きている間、和男は酒に酔い、下手な声で歌を歌う。音楽を使ったと表現しなかったこのシーンは、じつはカラオケに興じるシーンである。しか

＊43　興味深い点は、北野武の作品に対する批評や論文で、『3-4×10月』に音楽が使われていないことを指摘する文書はほとんど見つからないことである。そのような指摘があったとしても映画に音楽が使われていないことを確認する程度に留まっている。さらに、『3-4×10月』の封切りの後に行われたメディアによるインタビューに、この映画に音楽がないことに対する質問や答えも見つけられない。『3-4×10月』で音楽を使わなかった北野武の意図を把握することは難しいが、多くの人々が音楽の不在をあまり感じないことも確かであると言える。映画の全般を貫く二極化の設定と反復的な演出術が映画音楽を代わりにしているとは言えないが、この映画で極めて優先に扱われていることは否定できない。

し和男の歌は、映画音楽というよりも、現場のサウンドに近い。

この場面は二分二十五秒の間、歪曲が激しいワイドレンズを使い、全く同じシチュエーションを二回繰り返して撮影されている。同じシチュエーションが連続して二度起きるのは、現実的には不可能に近い。一回目で上原にビール瓶で頭を殴られた男と玉城のパンチで倒れた男が、時間の省略がない二回目で原状に戻っている。ワンシーン、ワンカットで描写しているため、時間の省略があるとは考えられない。しかし映画のなかでは、同じシチュエーションが連続して二回、起きている。

意図的な二分化と反復は歌を歌っている和男のクロースアップにも見られる。歌い続けている和男の顔を大きく見せているクロースアップ画面を確認すると、和男の顔が四つも写っていることが分かる。実際の和男の顔とその右側の鏡に映っている和男の顔、そして彼の頭の上にぶらさがっているモニター画面にも和男の顔が写っている。だが、そのモニター画面を詳しく見ると、もう一人の和男が小さく写っていることが分かる。実際の和男と鏡に写っている和男は自然に写っている画面だと言えるが、モニターに写っている二人の和男は自然に写っている画面ではない。北野武はモニターとつながっているカメラの角度を巧みに配置し、現実に映っている二人の和男と、モニターの中に映っている二人の和男を、一つの画面に収めている。

　このシーンの全てのシチュエーションは人工的に構成されている。上原がビール瓶で組員の頭を殴りつけた瞬間、その男はその場で力なく倒れ、彼の仲間が「てめえ」と叫びつつ、上原に駆け寄る。その時、そばで黒人ホステスと踊っていた玉城が彼を封じ、熟練したボクシング姿勢で三回の連打を飛ばし、彼を倒す。そして、玉城はさり気なく白いドレスの黒人ホステスと踊り始める。このすべての暴力の過程が二度も連続して起きているにもかかわらず、和男は二節まで歌い続け、周りにいた人物たち（カラオケ従業員、雅樹、純代など）も全く動ずる色もなく、平然とした態度で和男の歌を聞いている。

　このシチュエーションを通じて分かることは北野武が因果性を無視しつつも、現実性がないシチュエーションを意図的に二回繰り返していることだ。この映画で北野武がどれほど二分化と反復的傾向に執着しているのかがよく分かる。

二　移転と循環の人物

盛田隆二は『フィルムメーカーズ〔2〕北野武』において『3-4×10月』に登

場する人物たちに対し、次のように述べている。

観客は何を頼りに見るべきなのか、途方に暮れてしまう。しかも映画の全体が、理不尽で不合理な細部からできあがっている。小野と飯塚が苦労して手に入れた拳銃は、結局使われることがない。いったい何のためにわざわざ沖縄まで出かけたのか。いや、そもそも拳銃を手に入れるためになぜ沖縄に行ったのか。元ヤクザの井口の手引きがあれば東京でも入手できるのではないか。もっと細かいところでは、素振りの練習をしたくらいで小野はなぜホームランを撃てたのか。たけしは自分の身代わりとして渡嘉敷に指をつめさせるが、初めから組の幹部を殺す気だったのなら、そんな必要はなかったのではないか（64）。

映画の冒頭、埃が立つ野球場のベンチで試合を眺めていた井口は、便所から帰ってきた雅樹を見て「うんこしに来たのか野球しに来たのかはっきりしろ」と叱る。実際、雅樹は代打で打席に立つが、野球をしに来たのか疑わしいほど、無気力に見逃し三振で終わる。井口のせりふのように雅樹の姿は用を足しに来たのか、野球をしにきたのかはっきりしていない。

映画の中で態度が明らかでないのは雅樹だけではない。暴力の世界を捨てて平凡に生きていた井口は雅樹を助けるためにヤクザの世界に乗り込むが、過去の舎弟であった武藤を夜襲し、自分の暴力的な本性を表わしてしまう。井口は以後、野球場でも暴力を行使し、パチンコ店では営業妨害をするなど、ヤクザと類似した行動をとりつつ、堅気なのかヤクザなのか、自分の立場をはっきりさせない。それ故に、井口にリンチを加えたヤクザの組長・大友は「堅気は堅気らしくすればいいんだよ、都合のいい時だけヤクザやるんじゃないよ」と言って、ヤクザなのか堅気なのか明確ではない井口の態度を非難する。

沖縄のヤクザ・上原も同様である。自分の指をつめずに、玉城の指を強制的につめさせた上原は機関銃を手に入れ、玉城と共にヤクザ事務所にいた組長以下の幹部たちを全員殺してしまう。組の幹部を殺すつもりだったら、玉城の指をつめる必要はなかったのであるが、上原は玉城の指を組の幹部に渡し、組の幹部を全員射殺するという、相反する態度を取っている。上原の目的は、自分の破門を無きことにしてヤクザとして生きていくことなのか、組を破滅させて一般人に戻ろうとしたのかが明らかではない。

繰り返しになるが、『3-4×10月』で人物が置かれている状況とそれを導いていく演出術は明らかに二分的であり、反復的な傾向を見せている。それとは対照的に、映画の主要人物である雅樹と井口、そして上原の感情と態度は明らかではない。彼らは、堅気とヤクザが明確に区分されている世の中で、どちらにも属せない人物である。井口と上原は一般人にもヤクザにもなれない人物であり、雅樹は無気力でうだつのあがらない青年であった。そして井口、上原、雅樹の三人は、自分が置かれている状況を暴力で克服しようとするのである。

ここで注目したいのは雅樹から始まった暴力が、井口と上原に転移していく過程である。

雅樹と金井のささいな暴力で争いが始まるが、それ以後、雅樹の代わりに前面に乗り出すのは井口である。井口は暴力による争いを収拾しようとするが、自ら暴力を行使しつつ、雅樹の問題を自分の問題にしてしまう。以後、井口がリンチされるまで、映画は徹底的に井口を中心に展開し、雅樹の登場頻度は急激に低くなる。

井口がリンチをうけてからは、雅樹の代わりに前面に出るのは、それまでそうだった井口に代わって沖縄のヤクザ上原である。雅樹が上原に会ってから映画は徹底的に上原を中心に展開する。上原が死ぬ時まで、雅樹はほとんど行動しないと言っても過言ではない。雅樹は銃を手に入れようと沖縄に来たと一言も言わなかったが、上原は米軍を騙して手に入れた銃の半分を雅樹に分けてやる。

上原が死んだ後、東京に戻ってきた雅樹は、自分自身の存在感を回復させる。銃でヤクザたちを処断することは失敗するが、タンク・ローリーを走らせて大友組の事務所に突入し、自爆する。これによって雅樹は、自分の問題を自ら解決することになる。

この過程を転移と表現したのは雅樹、井口、上原という三人の登場頻度、そしてそれぞれの存在感が、三人に次々と譲り渡されていくためである。*44 雅樹から始まった暴力は井口と上原に転移し、結局は雅樹に戻ってくる。そして、雅樹は自分から始まった暴力の連鎖を、トラックの自爆という破滅的な行動を通じ、自ら終結させている。

映画の中盤と後半に、雅樹、井口、上原の三人が一つに繋がっていることが分かる場面が出てくる。雅樹は、リンチをうけた井口から、沖縄で銃を手に入れ、ヤクザたちに復讐するという話を伝え聞くと、自ら沖縄へ行って銃を買ってくると言う。井口と親しかった和男は沖縄に行こうとする雅樹を止めようとはするものの、雅樹にカネを渡すという、相反する行動をとる。和男は結局、雅樹と共に沖縄に行く。次の場面では、沖縄のヤクザたちが集まった飲み屋において上原の視線の先にヤクザ連合の組長の姿が見える。組長の背後に飾られているガラスには大きな蝶々が刻まれている。

＊44　主役の存在感が譲り渡されていく過程については、阿部嘉昭の『北野武VSビートたけし』でも記されているが、その解釈に関しては少し違う立場を取っている。彼は「二分」されている映画の背景、「持場配分」される登場人物まで含め、この過程を「拡散」と表現している。そしてその登場人物の対象も東京のヤクザ・武藤、黒人ホステス・ジェニファー、バイク少年に至るまで拡大していると語る。その反面、本書では移っていく過程だけに集中し、雅樹の暴力によって生じた存在感の推移が、井口、和男、金、蝶々を通じて上原にまで譲り渡され、それがまた、玉城、金、蝶の卵を通じて雅樹に戻される「循環」の中での「転移」の概念として説明している。

映画の後半部、沖縄で銃を手に入れた雅樹と和男が東京に帰るために、空港で待機している間、どこからか玉城が現れて、上原から預けられたカバンを雅樹に渡す。上原は空港の駐車場にいるのに玉城を通じて、雅樹にカバンを渡したのだ。カバンの中には上原が送ったカネと沖縄特産物である蝶の卵が入っている。雅樹が蝶の卵が入った封筒を開けようとした瞬間、上原は空港の駐車場まで追ってきたヤクザ者に撃ち殺され、上原の死を直感する雅樹の顔が交差する。

映画の中盤において、井口、和男、金、蝶という順番で上原に繋がっている。そして映画の後半部は、上原、玉城、金、蝶の卵という順番で雅樹に繋がっている。

三 「**暴力**」**を通じて描かれる生への**「**意欲**」

北小路隆志は『その男、凶暴につき』と『3-4×10月』に対して次のように述べている。

北野武のフィルモグラフィーは国内外で高い評価を受けた『その男、凶暴につき』ではなく、『3-4×10月』から実質的に開始されるのだ。もちろんあの驚異的なデビュー作を全否定するつもりはない。ただあの映画では――当初は深作欣二監督・ビートたけし主演で撮影される予定だったことも含め――一種のレールが既にひかれていたという印象が強い。（中略）『その男、凶暴につき』に衝撃を受けた人々が続けて発表された第2作『3-4×10月』を見た際に受けたであろう当惑は容易に推測できる。

（『キネマ旬報』一九九六年八月上旬号　55）

北野武の映画を客観的に見たくて『3-4×10月』のシナリオの依頼を断ったと言う野沢尚は、この映画を見た後、予想と違って当惑したと語る。*45『その男、凶暴につき』と『3-4×10月』は外見上では異なる印象が強い。比較的鮮明なストーリーラインを持っていた『その男、凶暴につき』に比べ、『3-4×10月』には野球、ヤクザ、東京、沖縄、自爆、夢といった、結び付けにくいキーワードが、明確な因果関係もなく繰り広げられるためである。

この点について北野武は逆に言っており、『その男、凶暴につき』を自らぎこちない映画と表現し、準備なしに挑戦した映画だと評している。しかし、それらの相違にもかかわらず、二つの映画の間には暴力の描写という点において相当な部分結び付いていることに注目したい。

＊45　野沢尚は上映が終わったあとの観客の様子を描くことで、この映画に対する自分の感想の代わりにしている。「はぐらかされた観客は『……』といった顔して映画館を後にする。カップルは映画館の出口をくぐりながら、この映画について喋るのを避け、何処でお茶するか、といった会話をポツポツするだけだ。映画に一六〇〇円の価値があったか否か、計りきれない顔をしていた」（1996　野沢　26）

『その男、凶暴につき』の中盤にある犯人追撃シーンを見てみよう。

麻薬売人の常連客一人を、我妻をはじめとする五人の刑事が襲う。我妻以外の三人の刑事は非暴力的に彼を捕まえようとするが、逆にひどく殴られて誰も逮捕できない。麻薬の売人が持っている武器は麻薬商という職業に似合わない野球のバットである。彼は野球のバットで刑事たちを制圧し、自分に駆け寄る我妻の車に上がり、フロントガラスをたたき壊してしまう。しかし、我妻はためらうことなしにバットを振り回している犯人を、車で轢いてしまう。以後、我妻は麻薬のルートを突き止めるため、他の麻薬商・橋爪を暴力的に尋問するが、何と二十三回も規則的に橋爪の顔を殴りつけ、ついに自白をさせることに成功する。『その男、凶暴につき』に見られるバットとフロントガラスの破壊、そして相手を追いつめる時の異様なまでの執拗さは『3-4×10月』にも共通して見ることができる。

『3-4×10月』においてもバットは映画メインポスターの真ん中に登場するほど映画の重要な小道具である。雅樹とサヤカが車の中で沖縄から持ってきた拳銃の安全装置を外している間、拳銃の誤射が起きる。この時フロントガラスは、『その男、凶暴につき』と同じように、眩しいほどきれいに割れてしまう。

雅樹の代わりに大友組に立ち向かっていた井口は大友組の事務所でかつての舎弟、武藤に出会う。井口は「井口さん」ではなく「井口」と呼びつけて、自分を無視している武藤を別の場所に呼び出し、暴力で武藤を制圧する。襲撃を受けた武藤は井口に対して「止めてください、井口さん」と呼ぶが、井口は「井口と呼んでみろ」と六回も繰り返して言う。井口から強要され、仕方なく「井口」と言う武藤は結局、井口にリンチをうける[*46]（図3-2）。

『その男、凶暴につき』の後半、我妻は殺し屋・清弘に復讐するために、刑事を辞し、違法に銃を入手する。そして、拳銃を手にしたその瞬間から、我妻は一言のせりふもなく、暴力のみをふるい続ける。我妻にとって拳銃は言語の代わりをしているのだ。『3-4×10月』で雅樹もヤクザに復讐するために銃を手に入れ

図3-2
『3-4×10月』監督／北野武(1990)
写真提供／松竹

*46　阿部嘉昭はこのシーンで六回繰返される「井口さん」という武藤（ベンガル）のセリフも、「拡散」というキーワードの一つとして興味深く説明している。「ベンガルが井口に脅され『井口さん』という言葉を連呼するとき、その言葉の発音が段々『在日』風になるところに、その肉体がどこから到来したか謎をかける彼の演技の白眉があるのだ」(90)

ようと沖縄に行く。雅樹の代わりをして井口が先に立ち、沖縄では上原の助けで銃を手に入れることになる。それなら雅樹において暴力はどんな意味があるだろうか。

『その男、凶暴につき』において主な葛藤は、刑事・我妻と殺し屋・清弘に生じていた。二人は自分が属している組織でもアウトサイダーであり、組織のために献身することもない。彼らが戦っている理由は組織のためではなく、個人的な問題に起因する。我妻は同僚刑事・岩城に対する復讐のために、清弘にあまりにも残酷な暴力を行使する。これをうけて清弘は、我妻に復讐心を抱くようになる。岩城は麻薬組織に闇で関与しているだけではなく、それによって警察という組織にも大きい被害を与えている人物であるが、我妻はそういう道徳的な問題には興味がない。我妻の興味は、徹底して同僚の岩城の仇討ちを実施することにおかれている。清弘は、自分の親分・仁藤から暴力をむやみに使うなと警告されたにもかかわらず、自分の暴力性を制御できない。

映画の最後、我妻と仁藤が死んだあとで、仁藤の代わりに暴力団の親分になった新開のもとへ、我妻の後輩刑事・菊地が訪ねてくる。菊地に金が入った封筒を渡すと新開は「岩城の代わりにできるのかね」と尋ねる。菊地は「僕はバカじゃないですから」と答える。なんのことはない、死んだ岩城に変わって、若い菊池が警察と暴力団を闇でつなぐポストに着任した、というわけだ。我妻と仁藤が死んでも、組織の秩序は何も変わらない。すなわち、男たちが行使した暴力は極めて個人的問題に影響をもたらす暴力にすぎない。他人や組織に影響を及ぼす暴力として描かれてはいない。

『3-4×10月』でヤクザ以外のすべての主要人物は草野球チームのメンバーやその周辺の人物である。映画の葛藤は、野球チームという組織とヤクザという暴力組織の葛藤と言いかえることもできる。チームのメンバー・雅樹の暴力はチームの監督・井口に伝えられる。そして、ヤクザ組員・金井の暴力はヤクザ幹部、武藤に伝えられる。『その男、凶暴につき』において暴力は、個人的な暴力に限定されている。

その反面『3-4×10月』の暴力は、個人の暴力が最終的には組織の暴力に広がっていく。しかし、これが「暴力の拡散」を意味するとは言い切れない。第一に、暴力の拡散といえるほどの大規模な衝突はない。第二に、雅樹↓井口↓上原とつながっていった暴力は、最終的には雅樹に戻り、いわば循環構造をとっているためである。その意味で『3-4×10月』の暴力は移転と循環で構成されていると言える。では、暴力の移転と循環を通じて、北野武が伝えたかったのは何だろうか。

『3-4×10月』の英語のタイトルは *Boiling Point* である。[*47] Boiling Point というの

*47　ヨーロッパで配給される際のタイトルは ***Jugatsu*** であった。

は水が沸く地点、すなわち沸点を意味する。熱が持続的に水に伝えられ、水の温度が沸く地点に到達すると、あたかも爆発するかのように水が沸き始めるが、いくら水を沸かしても水は爆発しない。逆に、火を弱めると外見上は何事もなく本来の状態に戻る。

映画のクライマックスに、最も大規模な爆発シーンがある。タンク・ローリーに乗った雅樹とサヤカが大友組の事務室に突入し、自爆をする場面だ。この映画において最も強烈な印象が観客の脳裏に焼き付けられる瞬間、これがまさにBoiling Pointである。

『その男、凶暴につき』のクライマックスも、強烈な印象を与えるものだった。それは我妻と清弘が衝突する最後の銃撃シーンである。二人は一言のせりふもなく、弾丸を避けようともしないまま、規則的に銃を発射しあう。その結果、清弘は死に、我妻は負傷。我妻は、銃で撃たれ血を流したままの姿で妹を見つめると、もはや廃人となり、麻薬を求めるだけになってしまった、愛してやまない妹までをも銃殺する。我妻も妹の亡骸のそばから遠のくことはなく、麻薬組織のナンバー2である新開に、撃ち殺されてしまう。残酷なこの光景を眺めていた新開は「どいつもこいつも気違いだ」と言い、倉庫の照明を消す。そして、画面は暗転となる。

『3－4×10月』の雅樹の暴力も、我妻と同じように個人的な暴力から始まるがその様相は違う。雅樹は誰も予想できなかった自分自身の暴力によって窮状に置かれてしまうが、それによって生への意欲を取り戻し、思いを寄せていたサヤカと付き合うことになる。同じチームの監督の井口が自分の代わりにヤクザと戦い、沖縄では上原の助けで拳銃を手に入れたにもかかわらず、拳銃の安全装置の外し方が分からなくて復讐に失敗する。ここにいたるまで、雅樹の暴力は実を結んでいない。雅樹はついで勇気を出して、サヤカと共にタンク・ローリーを走らせ、ヤクザの事務室に突入して自爆する。

だがこれは、すべて雅樹が見た夢だった。雅樹は夢の中で自爆をしたけれど、それはあくまで夢の中の出来事にすぎない。現実の爆発までには至らない。雅樹の暴力は、現実には行使されることのない暴力である。

『3－4×10月』の最初の画面は野球場の片隅にある暗い便所から始まる。用を足しているのか、夢を見ているのか明確でない雅樹の顔が微かに見える。暫くして雅樹が外へ出てくる。そして、意欲のない足取りで試合が行われている野球場に向かって歩く。

最後のシーンも同じ場面から始まる。

暗い便所に座り、カメラを見つめている雅樹の顔がバストサイズで見える。暫くして雅樹がズボンを上げるために体を起こす時、カメラも雅樹について上昇する。そこに、今まで見えなかった小さい換気口から光が入ってくる映像が加わっている。そして、外へ出た雅樹は少し意欲的に変化した姿で野球場に向かって走っていく。その姿越しにエンドロールが上がる。

『3-4×10月』において、雅樹に課せられた暴力に、北野武はいかなる意味を持たせたのか。

『その男、凶暴につき』の我妻も、『3-4×10月』の雅樹も、暴力が個人の域をでないことは共通している。我妻における暴力は、徹底的に個人という範疇で終始する。我妻という男の描写は、誰も理解できない個人的な暴力から始まり、誰一人看取ってくれることのない倉庫で、たった一人で死んでいくことで終わったではないか。その死は悼まれることもない。それどころか、亡骸を照らす照明までもが消され、画面はやがて暗転してしまう。我妻は暴力を介して、徹底して「個人」にとどまっているのだ。

雅樹の場合、暴力が与える意味はいささか違う。雅樹は、自らの意思で恋を実らせたサヤカと二人で、手に手を取って、自爆という最も暴力的な選択まで行うにいたる。これは雅樹の夢ではあったが、雅樹はいままで自分がいた狭い世界から、自爆という暴力行為をなすことで、一歩、踏み出したといえるだろう。雅樹の前進は、薄暗い換気口の光と少し早くなった雅樹の歩みのように、注意深く見なければ気づくことができないくらい、ほんの少しの前進にすぎない。けれど暴力は、雅樹に人生への小さな意欲を取り戻す、そのきっかけを与えてくれた。

我妻にとっての暴力は、終始「個人」に徹底し、他を寄せ付けようとはしなかった。一方で雅樹にとっての暴力は、「すべて夢」。結局はいつもと同じ、けれども少し希望をもって生きていこうとする意欲をあたえてくれるものとして描かれている。

事実北野武はインタビューにおいて、『3-4×10月』の作品意図を次のように語っている。

野球で後攻めのチームが勝ってて、9回の裏、攻撃しないと3対4×ですよね。(中略) 普通の映画のネタは逆転サヨナラ勝ちの形だけど、現実はそんなこと全然ないから。そうじゃなくて、ただ淡々と進んで、やっぱりそのまんま普通に戻ってる。頭の中ではいろいろなことを思っていてもね。またそのまんま生きていくんだろうという話を作りたかったのね。

(『週刊プレイボーイ』一九九〇年九月二五日号)

第二節　『3－4×10月』における野球と追い越しの意味

一　野球は現実の隠喩

映画のタイトル、「3－4×」は映画の中に登場する野球試合の最終スコアである。この映画の封切りが十月であったため、最終スコアに十月を付けたという(実際には九月封切り)[*48]。

映画では野球の試合が前半において、二度にわたり、合わせて約二十分もの間、詳しく描写される。一番目の試合で無気力な姿で三振した雅樹は、二番目の試合でチームが逆転しうるホームランに近い打球を飛ばす。しかし、あまりにも熱心に走り続けた雅樹は、前走者・和男を追い越してしまう。それ故に雅樹はホームランを打ったにもかかわらず、アウトになってしまう。阿部嘉昭は『北野武vsビートたけし』でこのシーンに対し、次のように述べている。

> この映画では、ホームランをかっ飛ばした雅樹が前走者・和男を追い抜いたことで憤死する件りもあるが、その瞬間は正に野球のもつ「官僚主義的不条理」をよく衝いている。いったいより早く走る者がより遅く走る者より称

＊48　暴力の三部作でプロデューサーを担当した奥山和由は、『3-4×10月』で北野武の制作プロセスが製作者のコントロールから離れていたと回顧する。彼は『文藝春秋』一九九三年九月特別号所収の「ビートたけしへの訣別」で「『3-4×10月』という意味不明のタイトルがいつのまにか決定され、極めてプライヴェートな映画がそうして出来上がった」と当時の心境を吐露した(287)。

賛に値しないという瞬間——肉体謳歌の姿勢にこれほど背馳する瞬間が他のスポーツにあるだろうか。（中略）いま野球を述べるために鉤括弧を付して用いた「規則」「退屈」「犬儒主義的価値観」「官僚主義的不条理」「待機」等の用語は、すべて現実の隠喩として機能し得る。野球とは度し難いくらい「規則」に縛られる「退屈」な現実そのものを表現しているのだ（88-89）。

野球は攻撃と守備の境界が明確に分かれているスポーツである。野球で攻撃側は攻撃するだけで、守備はまったくできない。それと同様に守備側は決して攻撃できない。攻撃側はバットを使ってボールを打撃しなければならず、守備側はグローブを使って飛んできたボールをキャッチしなければならない。

攻撃に成功した打者は以後、塁上の走者に変身する。そして、自分に向かって走ってくる次の走者のため、自らも次の塁に走らなければならない。ボールより先に次の塁に到着すると、生き残る。塁を移動していた走者がホームという最後の塁まで無事に生き返ってくると一点を取ることになる。野球試合の最終スコアを映画タイトルにしていることもあるが、この映画で野球が占める比重は非常に高い。事実この映画には、野球を連想させる設定がたくさん登場する。

映画の前半部、井口は、大友組との絡みで窮状に置かれている雅樹を助けるために、かつての兄弟分である大友の組事務所を訪ねる。室内では、井口と大友の手下は壁の方にぴったり寄り添った姿勢で向き合って立っているが、大友は柱に寄りかかったまま他のところを見ている。そのぎこちない状況で井口と大友は話を交わす。彼らが立っている室内は野球場のホームベースを連想させる五角形である。

しばらくして、武藤をはじめとする組員たちが事務所に入ってきて、壁側に立って並ぶ。広い五角形の室内で9名の人物が、壁（ライン）と柱（ベース）沿いに立ち、対立しているのだ。[*49]

井口は、その場で武藤に無視され、外で武藤を待っている。その場所も鉄柵のラインが明らかに見える橋の上である。井口は武藤を油断させ、別の場所で武藤を襲撃する。武藤が襲撃される場所も歩道と街路樹の境界線、すなわちラインの上である。

二　野球の暴力的な属性と追い越しの意味

阿部嘉昭の指摘通り、野球は非常に規則に縛られているスポーツである。試合

＊49　玉城の指をつめる時に使われた「忍耐」と刻まれた木の置物も、野球のホームベースを連想させる五角形だった。

の時間の中で選手の待機時間が半分を占めるという点において、退屈な運動とも言える。だが今は、野球の退屈な属性より、暴力的な属性に注目しよう。

野球は、走者が順に移動するため、退屈に見えるのかも知れないが、塁上の走者は常に緊張していなければならない。なぜなら走者が塁に着く前にボールを持った守備者が走者の体に「タグ（Tag）」というタッチ動作をすると、その走者は死ぬ（アウト）からである。アウトになった走者はグラウンドから退場しなければならない。身体接触がない野球で唯一の身体接触であるタッチ動作はその走者の生死を左右する重要な動作である。

一回目の試合、雅樹は他の選手の代わりにコーチャーズボックスに立つことになる。雅樹は、コーチャーズボックスにぼうっと立って、退屈な目で運動場を眺める。その時、ヒットを打って三塁に向かって駆ける和男に雅樹が何のサインも出さなかったせいで、和男はタッチアウトになってしまう。雅樹の退屈さが和男を死なせたのである。グラウンド上の退屈そうな雅樹は、退屈な雅樹の日常を語っている。雅樹はこのように、意欲のない日常を過ごしていたのだ。その雅樹を呼び覚ます事件が起きる。それはヤクザ・金井の暴力である。

洗車時間が長引いたという理由で、雅樹は金井に殴られる。その瞬間、雅樹の目の色が変わり、以前とは全く違う目つきになる。ガソリンスタンドの店長が金井に謝っている間、雅樹は発作的に金井に向かって拳を振り上げる。雅樹はこれ以後、サヤカとの交際にも成功し、野球でもホームラン性の打球を飛ばすなど、以前とは全く違う姿を見せることになる。すなわち、野球でタッチされた和男はアウトになったが、雅樹をタッチした金井の暴力は、雅樹の人生をグラウンドにインさせたのだ。

野球のタッチ動作と現実の暴力を同じ概念でみなさざるを得ない理由をあげよう。『3-4×10月』において人物と人物の身体接触は、きわめて抑制されている。「ない」といっても過言ではないほどに。雅樹とサヤカを例に取ると、二人は恋人関係に進み、最後にはタンク・ローリーに乗って一緒に自爆をするほど一体化した姿となる。だが二人の間のせりふは極端に抑制され、身体接触は一度も見られない。

監督の井口にも付き合っている美貴がいるが、二人のあいだにも、身体接触は一度もない。沖縄のヤクザ上原には純代という情婦がいるが、上原は純代に習慣的な暴力を行使こそすれ、それ以外のいかなる身体接触は試みない。上原と純代が情を交わす瞬間が一度あるが、身体接触というより、性的暴行に近い。上原の性的暴力を「暴力」という範疇に入れると、映画で見られるすべての身体接触は、暴力を通じて表現されていると言わざるを得ない。

銃を手に入れようと沖縄に行った雅樹と和男はそこで上原と玉城、純代とホステス・ジェニファーに会う。一緒に夜を過ごした六人は翌日、五人乗りの車に乗って海岸沿いの道路を走る。上原は暑いと苛々しつつ、誰かの下車を要求する一方、純代に絶えず暴力を行使する。結局、ジェニファーが車から降りることになるが、その後にも純代に対する上原の暴力は止まらない。彼がどれほど身体接触を忌避し、暴力に執着するのかを、象徴するシーンといえよう。

金井との事件以後、意欲を取り戻した雅樹は、二回目の試合において四対二、二点を追う展開の七回の表、走者一、二塁の状況で代打として打席に入る。ここで雅樹は、予想もしなかったホームラン性の打球を飛ばす。逆転しチームの皆が歓呼の声をあげている間、雅樹は必死に塁を回り始める。しかし、雅樹は一塁走者である和男を追い越して、ホームに入ってきた。これはルール違反だ。よって試合は逆転にならず、「3-4×」で終わってしまう。

雅樹はゆっくり走ってもホームランなのになぜ必死に走ったのか？　その反面、一塁走者・和男は、まともに走っていれば雅樹に追い越されることはないのに、大いに喜んでゆっくり走った挙句、雅樹に追い越しを許してしまう。この不可解な設定はエンディングのタンク・ローリー爆発シーンで、もう一度繰り返される。

篠崎誠はエンディングのタンク・ローリー爆破シーンに対し、次のように語っている。

『3−4×10月』において、恐らく最も暴力的な瞬間は、この雅樹と恋人・サヤカの二人を乗せたタンク・ローリーが友人・和男の見守る前で暴力団・大友組の事務室に突入し、爆発炎上する場面だろう。言うまでもなく、タンク・ローリーの爆発の派手さによって、この場面が暴力的なのではない。むしろ、具体的な画面を観れば明らかなように、北野武はこの場面をいたずらにスペクタクル化することから遠ざかろうとしているのだ。（中略）それでは何によって、この場面が最も暴力的と呼びうるのか。それは、彼らの生死を賭けた行動を正当化しうる理由が、見あたらないことによって暴力的なのだ。だいたい、アルバイト先のガソリンスタンドで、ヤクザから殴られたり、知り合いのスナックのマスターがヤクザに怪我を負わされたぐらいのことが、文字通り命を賭けたあの最期の行動へと主人公たちを駆り立てていった正当な理由たりうるだろうか。（中略）そしてまた、雅樹と共にタンク・ローリーに同乗するサヤカも、その行動が彼に対する愛ゆえだという確かな口実さえ与えられないのだ（94–95）。

映画のクライマックス、サヤカと共にガソリンスタンドに寄った雅樹は同僚に明日から出勤するという一言を残し、わけも言わずガソリンスタンドに停まっていたタンク・ローリーに乗る。危険な状況にもかかわらず、同僚はタンク・ローリーに乗って行く雅樹とサヤカをただぼんやり眺める。雅樹とサヤカはタンク・ローリーを走らせ、大友組の事務所に向かっていく。

その時、どこかから自転車に乗った和男も事務所に向かって走る。そして、和男はタンク・ローリーに乗った雅樹より先に事務所の近所まで着くが、タンク・ローリーは再び和男を追い越してヤクザ事務所に突入し、その場で自爆してしまう。野球で和男を追い越してアウトになった雅樹はこの場面でも和男を追い越して、自爆という極端な選択をしてしまう。

和男はこのシーンでも積極的に雅樹を止めようとしない。野球の試合で早く走らずに雅樹の追い越しを許したように、このシーンでも和男は、自爆する雅樹を止めようとしたのか、傍観したのかが分からない曖昧な立場を取っている。

雅樹の追い越しは結果的に、映画のタイトル、『3–4×10月』に大きい影響を及ぼしたと考えていいだろう。雅樹の追い越しは、野球ではアウトになり、「3–

4×」で試合終了となった。ヤクザとの抗争では自爆になり、死で終わることになった。しかし雅樹は逆に、死ぬことで夢から覚め、現実に戻る。

映画の封切り予定が10月だったため、映画のタイトルが『3-4×10月』になったという北野武の回想はその意味で示唆的である。10月は観客がこの映画を見る月だ。雅樹が目覚める現実を、観客もまた見る月でもある。結局雅樹の追い越しは、死を通じて現実に戻らせるために設定した、北野武の映画的な仕掛けであったのだ。

公開から約半年後、篠崎誠は『カイエ・デュ・シネマ・ジャポン』0号で『その男、凶暴につき』と『3-4×10月』にあらわれた暴力的な人物たちを「不機嫌に闘い続ける者たち」と表現し、二つの映画にあらわれた暴力の関連性に注目している。それだけではなく同年、『その男、凶暴につき』と『3-4×10月』は、それぞれ *Violent Cop* と *Boiling Point* という英語のタイトルが与えられ、ウェリントン国際映画祭とトリノ国際映画祭に同時招待された。これがヨーロッパの観客に北野武の作品が紹介される、重要なきっかけになった。

北野武は自分の映画にヤクザと刑事がよく登場する理由として、「死の最も近くにいるため」と語っている。[*50] 実際に『その男、凶暴につき』の我妻と『3-4×10月』に登場する井口と上原は映画の中で死を迎える。彼らの死は自らの暴力

＊50 『씨네21（シネ21）』所収、남동철（ナム・ドンチョル）著「〈소나티네〉7개의 키워드（映画『ソナチネ』の七つのキーワード）」より引用。

に起因した自己破滅に近い。その反面、無気力な青年雅樹も自分の暴力により、自己破滅の道を選択するが、死を通じても何も変わらず、自分の日常に戻る。たとえ何も変わらない日常に見えても、そこへ向かって走っていく雅樹の姿には、少しだけ希望が感じられる。

第四章　映画『ソナチネ』における暴力の様相

『その男、凶暴につき』、『3-4×10月』を通じて映画中の暴力に対する執拗な関心を表した北野武は、一九九一年監督第三作目の映画『あの夏、いちばん静かな海。』を発表する。聴覚障がいをもつ青年の海に対する憧れと美しい愛の物語が穏やかなタッチで表現されたこの映画は、評論家たちの好評と共に観客にも良い反応を呼び起こし、北野武の新しい姿を表わしたとされている。[*51]

しかし、彼は一九九三年に監督した四作目の映画『ソナチネ』[*52]を発表し、もう一度ヤクザの冷酷な暴力の世界へ戻る（**図4-1**）。

『その男、凶暴につき』、『3-4×10月』、『ソナチネ』など、北野武の初期作三本でプロデューサーを担当した奥山和由は映画『ソナチネ』の公開後、この映画の当初企画が『その男、凶暴につき』のパート2を作ることであったと明らかにしている。[*53] そのため『ソナチネ』の公開当時の映画キャッチフレーズも「凶暴な

＊51　一九九一年／制作会社：株式会社オフィス北野、株式会社東通／脚本：北野武／監督：北野武／出演：真木蔵人、大島弘子／一〇一分
　淀川長治は北野武とのインタビューの中で『あの夏、いちばん静かな海。』に言及し、「日本の映画の歴史の中でいちばん言いたいくらい好きだ」と絶賛している。（淀川編 23）

＊52　一九九三年／制作会社：松竹第一興行／脚本：北野武／監督：北野武／出演：ビートたけし、国舞亜矢、渡辺哲、勝村政信、寺島進／九十四分

＊53　『文藝春秋』一九九三年九月特別号　288

男、ここに眠る」であった。
　一方、北野武は『3-4×10月』を撮影した沖縄の海が気に入り、[*54]『ソナチネ』の背景は最初から沖縄に設定してシナリオを書いたと回顧している。[*55]
　このような背景により映画『ソナチネ』は、全く別の作品として存在していた前作『その男、凶暴につき』と『3-4×10月』を自然に貫くようにして、連結していることがわかる。
　一九九三年のカンヌ国際映画祭と一九九四年ロンドン映画祭に招待された『ソナチネ』はヨーロッパで大きい反響を呼び起こす。フランスの映画評論紙「カイエ・デュ・シネマ」は北野武を〝今年の新人〟として選び、二年後にはフラン

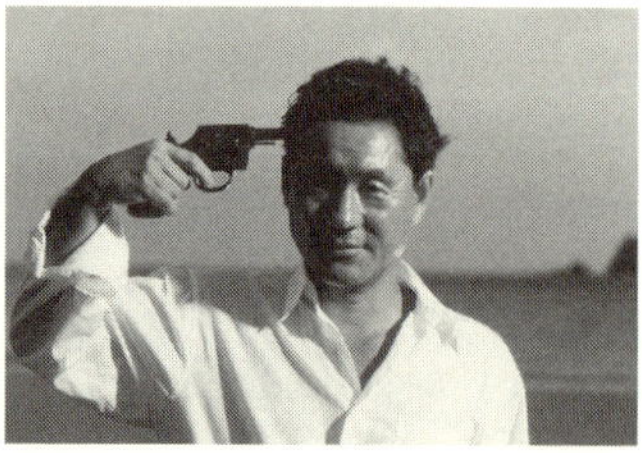

図 4-1
『ソナチネ』監督／北野武 (1993)
写真提供／松竹

*54　テマン 278

*55　「念頭に石垣島があって、まずどうやって沖縄に行くかなと考えた。だけど、いきなり沖縄だと妙な感じだし、観光映画になる。旅行に行くわけでもないし、トリカブト事件を起こすわけにもいかないということで、あそこに逃げ込むストーリーにしてみた」（『キネマ旬報』一九九三年六月下旬号　63）

ス、イギリスで『ソナチネ』が正式に上映されるなど、ヨーロッパ全土に北野武の知名度を広げるきっかけとなった。世紀末の一九九九年、英国の国営放送ＢＢＣは〝二十一世紀に残したい映画百本〟の中に『ソナチネ』を選んでいる（テマン 146–147）。

だが『ソナチネ』は日本国内では興行に惨敗してしまう。製作費に五億円以上が投入された商業映画であったが、現在まで制作された北野武の映画の中では、最悪の興行成績を残すことになった。封切り一週間後に早々と劇場から撤収するほかなかった当時の状況についてプロデューサー・奥山和由は「製作費五億円、配給収入六千万円という自分の作品としては、〝空前絶後〟の最悪の数字に終わった」と表現している（284）。

『ソナチネ』は『その男、凶暴につき』、『3–4×10月』で暴き出した破壊的な暴力の本質がより一層、発展的な形で現れた、北野武初期作の集大成といえる作品である。その意味でこの映画は北野武初期作の研究において最も重要な作品として見ることができる。第四章では映画『ソナチネ』において暴力の様相を表現するその手法を、劇的緊張感と色彩を活用した演出術に重点を置いて分析しようと思う。そして、『ソナチネ』であらわれた暴力の様相を通じて、映画の中で暴力がどのように表現されているのかを明らかにしたい。

第一節　逆行する劇的緊張感

『ソナチネ』の構造的な特徴を把握するためにまずこの映画のあらすじを整理してみよう。

主人公は、暴力団・北嶋組の幹部である村川（ビートたけし）である。村川はある日、組長（逗子とんぼ）から沖縄行きを命令される。兄弟分である沖縄の中松組と敵対する阿南組との抗争を、収拾してこいというのだ。村川は、ライバルの幹部・高橋（矢島健一）の計略を感じて気が乗らないが、組の命令には背けない。弟分の片桐（大杉漣）、ケン（寺島進）などを連れて沖縄へ行く（図4-2）。

図 4-2
『ソナチネ』監督／北野武 (1993)
写真提供／松竹

空港に到着した村川たちは、中松組の幹部・上地（渡辺哲）と弟分の良二（勝村政信）の案内で沖縄に入る。村川らの沖縄入りは、阿南組をさらに刺激し、抗争はますます激しくなる。尋常でない状況を感じた村川は部下の多くを東京に帰すが、自らは阿南組の刺客に襲撃を受けてしまう。かろうじて生き残った村川は片桐、上地、ケン、良二を連れて海の近くの廃家に身を隠した。ある夜、海辺を散歩していた村川は偶然、女を強制的に犯そうとしていた男を銃で殺してしまう。殺害されたその男は、幸（国舞亜矢）という名のその女の夫だった。幸はいつの間にか村川らと一緒にいるようになる。

一方、片桐は状況を把握するために東京に電話をするが、高橋とは連絡がつかない。海辺で孤立した村川らは相撲や花火など、彼らと似合わない遊びをしながら退屈な日々を過ごしていく。だが、釣り師に扮した殺し屋（南方英二）がいつのまにか中松組の組長と組員らを殺害し、村川が隠れたところまで忍び込んでケンを殺してしまう。村川は、沖縄に来た高橋の企みだと直感し、片桐、上地と共に高橋が泊まっているホテルへ行く。

ホテルのエレベーターで高橋と殺し屋に鉢合わせした村川ら。そこで銃撃戦が始まり、上地、片桐、殺し屋が死ぬ。村川は生き延びた高橋からすべてのことは組長の企みだったと聞く。村川に与えた縄張りを取り戻すため、阿南組と組み、計画的に村川を破門しようとしたというのだ。高橋を始末した村川は組長と阿南組が集まっているホテルへ機関銃を持って向かう。ホテルで機関銃を乱射し、彼らを撃滅した村川は幸が待っている廃家へ行く途中、持っていた拳銃で自ら命を絶つ。

二〇〇六年韓国で出版された『北野武の映画の叙事論と美学』の著者、イ・ビョンダムは映画『ソナチネ』の構造的な特徴について次のように書いている。

北野監督はソナチネという名前の形式的な装置を使って暴力的な残酷美学を完成させる。彼は残酷な暴力の純粋さを三楽章の旋律に対立させている。(中略)この映画の導入部は強いフォルティシモ(fortissimo)を見せていて、沖縄での休暇は軽いスケルツォ(scherzo)を現わす。そして、裏切りに気づき、復讐を決行する後半部は遅くて静寂なアダージョ(adagio)の形式として、この映画のリズムを構成している。したがってこの映画はソナタの導入で死に対する奥深い瞑想を支える構造的な特徴を持つ(112 筆者拙訳)。

音楽においてソナチネとは三楽章で成り立ったソナタ形式の小曲をいう。映画

『ソナチネ』もまた、その名のとおり、構造として大きく三つの部分に分けられる。第一は、東京で村川が見せるプロフェッショナルなヤクザとしての姿。第二は、沖縄に着いた村川らが、阿南組の襲撃から抜け出して海辺の廃家に身を隠し、子供のように遊戯に嵌《はま》っていくヤクザを脱した姿。第三は、裏切りに気づいた村川が復讐を決行し、自らの命を絶つ後半部である。

阿部嘉昭が、『ソナチネ』がもつ三部構造としての特徴を「三回繰返され死で終る小曲」と記すように（135）、この映画は三楽章のソナタ形式に置き換えられ、三分化の構造的な特徴を持つということは、一般的に言われることである。

しかしながら、始まり→中間→終盤と連なる三章構造は、映画の叙事構造で最も基本的なパターンでもある。三分化された叙事形式は、『ソナチネ』だけの特徴とは言えない。『ソナチネ』の構造的な特徴はむしろ、三分化された叙事構造ではなく、叙事構造に伴う劇的な緊張感にある。

『ソナチネ』の公開終了後、プロデューサーの奥山和由は「ビートたけしへの訣別」で、この映画が興行的に惨敗するほかなかった要因を次のように書いている。

最も宣伝しにくい、そして困ったことに嫌いでないこの映画をどう売るかということについて、自分としては映画宣伝にかけては百戦錬磨でどんなものでも売ってみせるという自信があったにもかかわらず、今回に限っては困惑するばかりだった。

その要因を考えつめてみれば、それは売ろうという「熱」を相殺するようなテーゼがこの映画の中で脈打っているからなのだ。走り続けてどうするんだよ、疲れたんだろう？　もう休んだらいいよ、結局何もありゃしないんだからとこの映画は見る者に囁きかけてくる。それは商業的に難しい映画を強引に売ろうという時に必要な「熱」とは掛け離れたものだ。それが私を困惑させ途方に暮れさせた（290）。

奥山和由の発言は『ソナチネ』の映画の劇的緊張感が、どのような流れを持っているのかを、本質的に暴き出している。一般的な商業映画は、映画の後半部、クライマックスに近づけば近づくほど、劇的な緊張感が高まるものだ。しかし『ソナチネ』の場合、劇的な緊張感は映画後半部にいけばいくほど、薄れていく。一般的な商業映画と反対のパターーンを示すのである。

『ソナチネ』において最も緊張感が高い部分は、映画の前半部にあたる、東京で繰り広げられるくだりといえる。村川は、組にお金を出さない元ヤクザ・金本をクレーンにぶら下げて殺してしまう。同じ組のライバルである高橋にもトイレでリンチを加える。村川のその姿は、彼の暴力的な本性をよく見せている。

『ソナチネ』の冒頭シーン。金本の麻雀屋に村川が訪ね、金銭を要求しつつ彼を脅かす場面から、『ソナチネ』は始まる。

村川：「ノミ屋をやるのも構わないんだけどよ、それなりに組の方に金を入れてくれないとなあ。俺も格好がつかないんだよ」
金本：「それはあんたたちの理屈で、カタギの俺がそんなことする必要ないですよ」
村川：「やってることはヤクザじゃねえか」
金本：「ヤクザとかカタギと言ってるけど警察に怒られるなら話はわかるけど、あんたに怒られる筋合いはないですよ」
村川：「テメエ殺すぞ」
金本：「馬鹿なこと言わないでくださいよ」
村川：「馬鹿はテメエじゃないか」

（『シナリオ』一九九三年七月号　29）

村川は金本にカネを出せと強要するが、金本は自分は堅気になったため、カネを出せないと言う。だが村川にとって、金本がやっている仕事は、ヤクザとあまり変わらない。だから村川は、金本が堅気になったとは思えない。金本は村川の部下たちに埠頭まで引きずられ、全身を縛られたまま、海上のクレーンにぶらさがることになる。

金本：「村川さん、ちょっと話聞いてくださいよ」
村川：「うるせえんだよバカ野郎」
金本：「ちょっと聞いて下さいよ。毎月いくらならいいんですか」
村川：「もういらねえよ」
　　金本を見上げていた村川が片桐に向いて、
村川：「あれ、沈めたら何分くらい持つかなあ」
片桐：「普通は二、三分じゃないですかねえ」
村川：「二分くらい沈めてみるか」
片桐：「おい、沈めろ」

（前掲書　31）

釣り針にかかった魚のようにクレーンにぶらさがっている金本は、村川と組員が見守る中で海の中へ沈められる。沈黙とともに二分が過ぎ、村川はクレーンを持ち上げることを指示する。水の中から上がってきた金本は息を切らせつつ苦しがるが、まだ生きている。金本は死の恐怖に悪あがきする。村川は無関心な顔で彼を眺める。しばらくして村川は金本を海の中に三分間再び沈める。三分の間、村川と片桐は次のような対話をする。

片桐：「兄貴、沖縄ってちょっとヤバイんじゃないですか」
村川：「うん、まあ行くだけ行ったら手打ちになるってオヤジも言ってるしな」
片桐：「沖縄はそううまくはいかないですよ。北海道の時も三人死んでるし」

（前掲書　32）

この場面は映画の前半部である。それにもかかわらず強く劇的な緊張感を誘発させる。生きようともがいていた金本が再び海の中へ沈められた後、観客は二分間は生き延びていた金本が、果たして三分間を生き延びることができるのかどうか、ということに集中する。

村川と片桐は、人の命がかかっているゆゆしい瞬間であるにもかかわらず、自分たちの未来について気軽に対話をしている。

この場面で緊張感を感じる理由は、生きるためにあがく金本の意欲が観客に伝えられ、感情的に金本に同化されてしまうからだ。しかし金本の生への意欲に何の興味もない村川の態度は、同化された観客の感情を逆なでする。そのため観客は、その境界線で強い緊張感を持つようになる。

三分が過ぎたと感じた村川はクレーンを引き上げてみる。金本は死んだまま上がってくる。二分間は生き延びた金本だが、三分間は耐えられなかったのである。二分と三分の境界線で金本の生死が決まる。

このシーン以後には、金本のように生きようともがく人物は登場しない。『ソナチネ』において死んでいくすべての人物は、他人からの暴力によって死を迎えるにもかかわらず、死の順番を待つ人物もいれば、誰の暴力なのかも分からないまま死んでいく人物もいる。

映画の後半部、中松組の組長・中松は片桐と上地を呼び出し、衝撃的な事実を伝える。東京から来た高橋が阿南組と手を携え、中松組と村川の組織を同時に無くそうとしている、という情報である。中松は最後まで戦い続けたいが、自分が年寄りであり、最近子どもができたことを理由にし、組の運命を上地に任せたいと言う。しかし、中松の希望とは反対に、中松と二人の組員は、次の場面で、釣り師に偽装した殺し屋に殺されてしまう。

中松と二人の組員が死を迎える場面は、死の前に生きようとあがいていた金本とは全く違う様相を見せる。画面の中に、中松ら三人が正面に向かってぼんやりと立っている。真ん中に中松が立ち、その前に二人の組員がいるミディアムショット（medium shot）である。暫くして銃声が轟き、彼らはあたかも死の順番を待つ人のように、順番どおり銃弾に倒れる。前の人が倒れても横の人が倒れても誰の表情にも変化はない。スローモーションで見られるこのシーンで倒れる彼らの動きは非常にぎこちない。さらに銃を撃つ相手方の姿も見せないため、暴力や死の前兆は一切ない。従って観客は彼らの死を通じて緊張感を感じられないのである。

中松組は映画の中盤まで阿南組とライバル関係であり、村川が部下たちを連れて沖縄までくることになった理由でもあった。それなら組長である中松の死は、村川の暴力に影響を与えるためにも、激しい抵抗や壮烈な死につながるべきだろう。少なくともそれが、一般的なジャンル映画のパターンと言える。しかし、ついさっきまで子どもができたから生きたい、と話していた中松は、いつのまにか死を待つ人に急変してしまう。そして村川は彼らの死を最後まで知らず、影響されることもない。すなわち中松の死は劇中の叙事構造といかなる関連も持たない。

死そのものとして、残ってしまったのである。

暴力と死に対する独特の様相はラストの銃撃シーンにも登場する。

大型セダンが次々入ってくるホテルの前。セダンから降りた組長・北嶋と阿南組の幹部たちがホテルの二階にあるパーティー会場へ入る。村川はホテルの駐車場に停まっている青い車のなかでその姿を見守っている。ヤクザたちが皆パーティー会場に入った後、ホテルの変電室で待機していた良二がホテル全体の電気を切ってしまう。しばらくしてから、機関銃を持って車から降りた村川は車の横の方に向かって歩き始める。そしてホテルの入口から二階に上がり、村川は真っ暗のパーティー会場に集まっていた連中に機関銃を乱射する。

映画ではホテルに入る北嶋の姿と、青い車に座って正面を見ている村川の姿を、交差しながら見せていく。そのため観客は、村川が、ホテルに入る北嶋の姿を、怒りをこめた目でにらんでいると感じてしまう。しかし青い車から降りた村川は、車の正面でなく横の方向へ歩いていった。北嶋がいる方向ではない。よって村川が車内から見ていたのは、北嶋や阿南組の幹部ではない、ということになる。村川は、北嶋や阿南組幹部といった個人に対して怒りの眼差しを向けてはいない。村川は、誰もいない所を見つめながら、自らの想念に捉われていたのだ。

それを証明するかのようにパーティー会場での銃撃シーンは、村川の一方的な暴力そのものである。画面上では銃口から破裂する火花によって、室内の様子は間欠的に見ることができる。しかし映画で描かれた世界では、パーティー会場は停電の状態である。従って村川は無差別乱射をしていることになる。誰を殺したのかも分からない。パーティーに参加していた人々は、あたかも死を待っていた人のように、横に並んで順番どおり倒れていく。人々は、誰に殺されているのかさえわからないのだ。

村川が、ホテルの駐車場において見ていた対象が北嶋ではなかったことと同様に、銃撃シーンの村川は、自分が殺している対象を確認しない。暴力の担い手と受け手がお互いに確認できない。そのため、村川の暴力は一方的な破壊行為となり、ヤクザたちの死は単なる消滅ということになる。従ってこの暴力シーンは、観客に劇的なカタルシスや緊張感を与えることにはならない[＊56]。

暴力と死に対するこの奇妙な態度は奥山和由が吐露した「熱」を相殺するテーゼとも一脈相通じる。村川は組長に裏切られた自分の絶望的な状況を組長に対する敵討ちではなく、すべての破壊的な暴力で達成していく。さらに解決したその地点で、自分自身さえも殺してしまう。

『ソナチネ』は一般的な三章構造で作られた映画だが、前半部に高まった映画的な緊張感を段々と冷まし、後半部にはいかなる緊張感も残らない。これが『ソ

＊56　韓国の映画誌『シネ21』二〇〇〇年一月十八日号に所収された「映画『ソナチネ』の七つのキーワード」で評論家ナム・ドンチョルは北野武の暴力描写に対し、感情が介在する余地を作らないと言いながら、「センチメンタリズムに陥ることを拒否する北野武の暴力は、本来の役割に忠実な〝純粋な暴力〟である」と評価した。

ナチネ』特有の流れなのだ。

更には、主人公の暴力に正当性を与え、暴力で葛藤を解決するという暴力映画の公式にも反しているが、後半部に映画的な緊張感を高めていくという一般のドラマツルギーにも、全面的に逆行する作品である。

第二節　色を用いた演出術

北野武の初期作で照明を担当した高屋齋はマスコミとのインタビューで、北野武監督は色が好きではないため、デビュー作の時からできる限りモノトーンを維持することを要求したと答えている。カラーなのに白黒に近い色を維持せざるを得なかったため、『3-4×10月』までは映画全体のトーンを決めるのに苦労したと言う。

> 監督は色が嫌いだから……（中略）
> どうしたら一番色がなくなるのかっていうことから発想してる。そうしたら、それこそ単色で、違う色をかければいいわけ。監督に、早い話が何色が好きなの？　って聞いたら、ブルーが好きだっていうんです（淀川編　134）。

北野武はキネマ旬報とのインタビューで、色が好きではない理由を色に勝てる絵を作ることができないためだと言う。[*57] しかしながら、彼は『ソナチネ』から映画の全体にわたって色を積極的に用い始める。

前半部の東京のシーンでは夜の設定が多いせいか、これといって目につく色

＊57　「北野：一度商店街を二人自転車で走らせたんですけど、絵がつながらないんですよ。いろんな色が入っているところを走らせたら。
川本：色が多すぎるということですか。
北野：ええ、色が。その色に勝つようなつながりの絵が出来ないんだよね。」（『キネマ旬報』一九九六年八月上旬号　44）

はない。しかし、沖縄のシーンからは明らかに色を映画の前面に打ち出している。眩しい太陽が繰り広げられるデイシーンでは白が画面を支配し、夜になればすべての世の中が青く染まったような、強烈なブルートーンを維持する。特にこのブルートーンはヨーロッパで「キタノ・ブルー」[*58]と呼ばれるほど強い印象を与えつつ、以後、北野武映画を象徴する色になる。

　色を用いた演出法は、『ソナチネ』以前と以後の北野作品を分かつほど、大きな特徴となっている。とりわけ過度に感じられるほどの白と青、そして赤色が引き立っている。もちろん沖縄が映画の主な舞台であり、暴力描写の比重が多い映画であることを考えると、こういった原色を多く用いるのは当然という側面もある。沖縄の照りつける日差しと青い海、そして暴力を象徴する赤い血は、画面の中で強い色彩感を感じさせる（**図4-3**）。

　しかし『3-4×10月』も沖縄が映画の主な舞台であり、暴力をテーマにした映画でもあった。だとすれば、単に場所だけの問題ではない。北野武は『ソナチネ』全般にわたって、自然に表れる背景の色の上に、意図的に色を加え、色彩を明らかに演出の材料として用いようとしている。

　映画の前半部、北嶋組の幹部が集まったクラブで組長・北嶋を囲んで幹部たちが、部屋にじっと座っている。部屋の全体のトーンはグリーンであるが、目立つ

＊58　北野武映画のヨーロッパのファンにつく「キタニスト」という造語は日本のマスコミがつけた呼び名で、実際ヨーロッパでは使わない。だが、「キタノ・ブルー」はヨーロッパや韓国、香港のマスコミでは頻繁に使われている造語である。『フィルムメーカーズ[2]北野武』は「キタノ・ブルー」について次のように説明している。「海外では、ブルーの色調が強い北野映画を称して、こう呼ばれている。これは、海や空の色が象徴的に使われていることなどを指す。『HANA-BI』ではより一層ブルーの濃度が強くなり、コントラストが際立ってきている（174）。」

程ではない。ぎこちない沈黙が流れる中、北嶋は果物を食べている。他の幹部は緊張している様子で、硬い表情で北嶋を見守っている。その場で村川ただ一人が不機嫌な顔でタバコを吸っている。

果物を食べていた北嶋が「タバコを吸っていいぞ」と声をかけると、その一言で重苦しい部屋の雰囲気が断ち切られ、幹部たちはタバコに火を点ける。この場面は組長に対する服従を規範にしているヤクザたちの姿を見せつつ、組内のアウトサイダーである村川の性格を、同時にさらけ出している。

その後、村川がウェイターから電話が掛かってきたことを聞いて部屋を出て行こうとすると、待機していたクラブの女たちが部屋に入って来る。村川が出る↓

図 4-3
『ソナチネ』監督／北野武 (1993)
写真提供／松竹

ホステスが入るという人の出入りの構造によって、村川のアウトサイダー的な傾向はより一層目立つことになる。

部屋から抜け出した村川は電話に出るために廊下を歩き、カメラも彼の姿を追いかけて徐々に移動する。村川は途中電話ブースで止まって電話に出るが、カメラはそのまま通り過ぎ、向い側の部屋に近付いていく。その時、画面に突然ドリーイン・ズームアウト現象が現れ[*59]、遠近感が妙に歪曲される。そして、歪曲された画面が正常に戻ると、いつの間にか画面に、向い側の部屋が見えている。

ヤクザたちが集まっていたグリーントーンの部屋とは違い、向い側の部屋はオレンジトーンが際立つヨーロッパ風のレストランである。

北野武はグリーンの部屋とオレンジの部屋、この二つの空間の全く違う雰囲気を、フィルムを編集することなくワンカットで見せる。ヤクザたちの部屋には重苦しい雰囲気とぎこちない沈黙が流れる閉鎖的な空間であったのに対して、誰もが利用できるレストランの部屋は、穏やかな雰囲気と自由な対話にあふれている。

画面がドリーイン・ズームアウトになりつつ、歪曲され始めた時点は村川が電話のブースに立ち止まったタイミングだった。北野武は村川がいる電話ブースを境界線にし、ヤクザのスペースとの一般人のスペースを人為的に分けているのだ。

ヤクザは、オレンジ色のタングステン灯で飾られた一般市民らが憩う広い空間

＊59 ドリーイン・ズームアウト(Dolly in, Zoom out)：レールの上に据えられたドリー（車付きの台）とズームレンズを用い、ズームアウトしながらカメラを前方へ動かす撮影テクニック。西欧ではこの技術を略してドリー・ズーム（Dolly zoom）とも言う。被写体のサイズが変わらずにレンズが望遠から広角に変わるため、被写体と背景の遠近感が歪曲する効果が得られる。一九五八年に公開されたアルフレッド・ヒッチコック監督の『めまい』(Vertigo)で使われた俗に「めまいショット」があまりにも有名で「ヴァーティゴ効果（Vertigo Effect）」とも呼ばれる。

には存在しない。ヤクザがいるのは、緑色の蛍光灯が薄暗くついている、狭苦しいバーの部屋である。ヤクザはこの部屋で息づいている。市民のいる空間と隔離されている場所に存在するのだ。ヤクザは一般人から離れているアウトサイダーなのだから。この場面は、色彩が見る人の視覚へ与える効果を用いることで、社会の中で占めるヤクザという存在の本質を暴き出すことに成功している。

一方村川は、ヤクザの中でもことさらアウトサイダーとしての存在が強い。村川が立っている電話ブースは、ヤクザの部屋と、市民が集まるレストラン、このどちらにも属さない。村川は、この二つの空間から隔離されていると同時に、挟まれている存在なのだ。村川は、映画の中において、ヤクザ、一般市民、このどちらにも属することができない存在であることを、このシーンは、象徴的に暗示している。

村川のアウトサイダー的な傾向は彼が着ている白いYシャツにもよく表現されている。村川は映画の始まりから終わりまで、終始白いYシャツを着て登場する。逃げ延びた沖縄の廃家で部下たちは上地が持ってきたアロハシャツに着替えるが、村川だけは白いYシャツを脱がない。最後の自殺シーンでも彼が着ているのは白いYシャツだ。とは言え、村川が着ている白いYシャツの色を一瞬、変化させる時がある。それは沖縄の青い月光に彼の白いYシャツが照らされる時である。海辺の青い月光の下で村川が着た白いYシャツは青く染まるのだ。そしてこの時から色を用いた演出法はより際立つことになる。

廃家に身を隠した初日の夜、自殺する悪夢から目が覚めた村川は、外に出て海辺を散歩する。海辺を歩いていた村川の眼前に、青い車が入ってきて停車する。車から降りた男は車から女（幸）を引きずりおろし、強制的に彼女を犯そうとする。村川はその状況から目をそらして通り過ぎようとするが、村川がのぞき見していたと誤解をした男は村川をナイフで脅かす。村川はついにその男を殺して幸を助けるが、その男が幸の夫であったということが分かる。しかし、幸は自分の夫を殺した村川を愛することになり、村川も彼女に思いを寄せる。

青い車に乗って、幸は村川の目の前にやって来た。青い月光が沖縄の海を照らし、その光は、幸が村川たちと一緒にいるようになってから、より一層、濃い青に変わっていく。翌日の夜、村川たちは海辺で落し穴を掘って遊ぶ。その翌日には、両側に分かれて花火の撃ち合いっこをする。この時、村川たちを青い月光が照らしている。映画の中の、作り物の月光だとしても、あまりに青すぎる。

とりわけ花火をする場面の月光は、海の存在が感じられないほど青い。群青の海辺、その中ではぜ続ける花火の炎は、ひときわ鮮やかに赤く、目にしみる。だが、いつまでも続くかに思えた彼らの遊戯は、忍び込んだ殺し屋の登場で終わりになってしまう。赤い円盤で遊んでいたケンは、青いアイスボックスを持った殺し屋の拳銃に仕留められて、死を迎える。

色は、村川と幸の奇妙な恋愛関係にも用いられている。

幸が乗ってきた青い車、これを村川は、自分の車として運転しはじめる。幸は、自分の衣類の色を、村川が身に着けている白いYシャツにあわせて、白にかえていく。初めて登場した時、幸はアロハドレスを着ていた。次の日は、そのアロハドレスではなく、白い半ズボンを着ている。村川と親しくなり、裸の胸を見せた時、幸は村川と同じ白いシャツを着ていた。

村川が復讐を決行するために廃家を発つ日。幸はふたたびアロハドレス姿に戻る。まるで、村川との最後の時だと直感したように。村川と別れる前、幸は村川が持っていた機関銃を見て「これ撃ってもいい？」と聞く。村川がうなずくと、幸は誰もいない正面に向かって機関銃を乱射した。村川は機関銃が乱射された方向を見ながら、真剣な目つきに変わる。そして村川は青い車を走らせて幸のもとを去っていく。

映画のエンディング。廃家の近くにある丘に立ち止まり、村川を待っている幸。青い水タンクを乗せたトラックが彼女の横を通り過ぎ、遠ざかっていくのを眺めている。トラックが向かう反対側の丘には青い車が停まっている。車の中には、ホテルのパーティー会場で機関銃を乱射してきたばかりの村川の姿がある。しばらくして、青い車の前を、青い水タンク（トラック）が通り過ぎた時、村川は拳銃をこめかみに当てて自ら命を絶ってしまう。

幸という女は、この映画の中盤以後を導いていく重要な人物である。幸と青、この二つの要素には、何か関係はあるのだろうか。

青い車に乗ってきた幸は、村川たちにだんだんと青い色を染みこませていった。村川は幸が乗ってきた青い車で死を迎える。夫も死んだ、村川も死んだ。幸に出会ったほとんどの人物は死んでしまう。生き残るのは、幸と良二の二人だけだ。

幸と、彼女の周辺につねにある「青」という色を、死に対する隠喩、あるいは死への誘惑と解釈すれば、幸の役割をフィルム・ノワール[*60]映画に登場するファム・ファタール[*61]と解釈することもできるだろう。フィルム・ノワール映画のファム・ファタールは、意図的な誘惑で男たちを破滅させる。男を破壊したことにより、利益を得ようとする。それが「運命の女＝ファム・ファタール」の役割である。

幸はこの映画の中で、何かを得たのか。何一つ得るものはなかったはずだ。皆が去っていた廃家で、独りぼっちになった幸には、孤独が残るだけである。幸にこの映画が与えた役割はファム・ファタールが内蔵する「悪女像」とは異なる意味の「アンチ悪女像」、あるいは、「たとえ女自身が死んだとしても、男を破壊に

＊60　フィルム・ノワール（Film Noir）：「暗黒映画を意味するフランス語であるが、ハリウッドの暗黒映画に魅せられたフランスの監督たちが、主として戦後フランスの風土に合わせて撮った一連の作品を称する。フランス製のギャング映画と言ってもよい」（田山　183）

＊61　ファム・ファタール（Femme fatale）：「fatal women（運命を決する女、魔性の女）という意味のフランス語に由来する語。自らのセクシュアリティを使って男性たちを誘惑し罠にかけ破滅（たいていは死）へと導く女性登場人物（ブランドフォード他　298）。

導き寄せてしまわずにはおけない悪女像」とでも呼びたい悪女像だといえるだろうか。北野武は『ソナチネ』の登場人物についてこう語る。

『ソナチネ』では皮肉たっぷりに、日本の伝統的なギャングスターのアンチ・ヒーロー像を作り上げたのね。組のメンバーたちがスクリーン上で無邪気な子どもみたいになるところを撮りたかった（テマン　148）。

村川がアンチ・ヒーロー像を表していることと同様に、幸はアンチ悪女像を表している。村川と親しくなった幸は雨が降っている森の中で、突然白いシャツを脱いで村川に自分の胸を見せる。自分の胸を突然見せながら無邪気に笑っている幸と、幸の裸の胸を見て冗談を言っている村川。

幸と村川は、ジャンル映画でよくみられる冷感症的なファム・ファタールや、クールなヒーローの姿からは、遠くかけ離れている。突然トップレスになり、それを見て冗談を言う男と女。二人とも、まるで無邪気に遊んでいる男の子と女の子ではないか。インタビューにある通り、北野武は映画に描かれた伝統的な英雄像と悪女像を、ひっくり返して見せているのだ。

第三節　『ソナチネ』における暴力の不可避性

映画『ソナチネ』の主要登場人物はヤクザの組員である。従ってこの映画の暴力シーンはヤクザ組員の間に起こる熾烈な暴力シーンが多い。東京での暴力としては拳や刃物、あるいは集団的な腕力（金本を殺す時）などが登場するが、沖縄では一貫して銃だけを使っている。

『ソナチネ』には激烈な銃撃シーンが三回登場する。沖縄のスナックバーで村川たちと阿南組員の間の銃撃シーン、高橋たちと村川たちがぶつかるホテルのエレベーターの銃撃シーン、そして敵討ちのためにホテルのパーティーにおいて会長を襲撃した村川が、組長と阿南組員に向かって機関銃を乱射する最後の銃撃シーンである。

沖縄で繰り広げられるこの三回の銃撃シーンは観客に圧倒的な暴力の強度を感じさせる。特に撮影地が沖縄という比較的自然の多い開放的な地域であるにもかかわらず、実際に暴力が振るわれる場所はスナックバー、エレベーター、ホテルのパーティー会場など狭くて密閉された空間である。これには注目したい。

まず、沖縄のスナックバーの銃撃シーンを見てみよう。

部下の多くを東京へ送りかえした後、スナックバーに立ち寄った村川ら（村川、片桐、上地、酒井、奥村）はビールを注文する。バーでは三人の客がバーの女と酒を飲んでいた。村川は彼らを警戒の目で暫く見つめるが、先客であるため別に疑わない。一杯ずつ飲んだ後、村川たちはビールをもう一度注文する。その時、サラリーマン風の三人の客が店に入ってくる。飲み物を注文する彼らを村川は訝しい目で眺めるが、ただのサラリーマンにしか見えなかったため、村川は疑うことをしない。この時、突然銃声が響き出し、先に店内にいた三人の客が村川らに向かって銃を撃ち始める。それに村川らが銃で応戦したため、突然銃撃戦に移る。

村川たちも刺客も銃を避けようともしないまま、あたかも射撃場で銃を撃つように、無表情な顔で銃を撃つ。バーに響くのはもっぱら銃声だけであり、周囲の客や従業員、撃たれた人すら悲鳴をあげない。狭いスナックバーで起こる激烈な十五秒間の銃撃戦の結果、三人の刺客は全員殺され、村川側も二人が死ぬ。

この銃撃戦について阿部嘉昭は自分の著書『北野武 vs ビートたけし』で次のように述べている。

最初銃声がバー内に響いた際の暴力的な衝撃度は圧倒的だ。つまり刺客がいるとすれば、それは堅気風を装った新たな客三人であるはずだった（ドラマは通常ディテールの組み立て作用の中に顕在化するから、それが観客にとって当然の判断だ)。しかも以前からいた客は村川たちがそこに来ると予知していたとは思われないし、村川たちが来ても何の反応も示さないし、加えてかなりの時が経っても何らの事も起こさないから、すでに安全牌として観客の注意からは逃れていたはずなのだ。そうしたドラマ上の組み立てによって成立していた絶対安全牌という予期せぬ方向から銃声が起こるため、その衝撃は異様に激しい。こうした意外な方向感覚をもつ北野武のアクション演出力もまた稀有である(168–178)。

阿部嘉昭の指摘の通りスナックバー銃撃シーンには暴力の前兆や論理的な過程がない。村川が先にいた客より、後に入ってきた客を疑うのは当然のことだろう。なぜなら村川たちを狙っているならば、彼らを追いかけるしかないためである。だが、実際村川を狙った刺客はあらかじめ店内で酒を飲んでいた三人の客だったのである。

一瞥すると、彼らは村川がそこにくることを予想し、その予想通りに村川はそこに現れたように見える。しかし、それならそのスナックバーは村川がやってくると予想できる所、例えば行き付けの飲み屋のようなところであるはずだ。だが、東京からきた村川に沖縄の行き付けの飲み屋があるはすがない。バーへは沖縄出身の上地の案内で立ち寄ったと予測できるが、バーのママは上地を特別扱いしないのみならず、上地もじっとビールを飲むだけである。村川がそこにやってくると予想できるヒントは何もない。よって観客も、そこで銃撃戦が起こるとは予想できないのである。

果たして刺客たちは村川がそこに来ると予想し、そこで待っていたのだろうか？　刺客がスナックバーで村川たちに出会ったのは偶然ではないだろうか？こういう疑惑を抱かせる理由は刺客の攻撃のタイミングが遅すぎるからである。刺客が村川の来店を予想して待っていたとすれば、できるだけ早いタイミングで、スナックバーに客がいないあいだに攻撃することが当然であろう。しかし、刺客は村川たちが二杯目のビールを注文し、他の客がやってくるまで何の動きもしない。そして、彼らは何の前兆もなく、突然、村川たちに発砲する。このような攻撃のタイミングの遅延性はエレベーターの銃撃シーンでも続く。

村川、片桐、上地の三人は、沖縄に来た高橋を探してあるホテルの部屋を訪ねるが、高橋の姿はない。三人は仕方なくエレベーターに乗ってロビーに降りる。その途中で高橋と殺し屋が、偶然エレベーターに乗ってくる。だが、彼らは互いに気づかない。

暫く時間が経った後、高橋に気づいた村川が「高橋」と声をかけると、突然銃声が響き出す。銃撃戦が始まると片桐と上地は、とっさに村川をかばおうと、殺し屋の弾丸を我が身で防ぐ。片桐は即死、上地は手が破裂したまま死んでいく。その間に村川は銃を撃って殺し屋をなぎ倒すが、倒れていた殺し屋が死に際に放った弾丸によって関係もない乗客一人が撃ち殺される。二十秒間繰り広げられるこの激烈な銃撃戦の結果、村川と高橋、他の乗客二人だけが生き延びる。このシーンでも相変わらず聞こえてくるのは、銃声と死んでいく人の短いうめき声だけである。銃を撃つ者も銃に撃たれる者も、さらには一般客までも、悲鳴をあげず、銃を避けることもない。

エレベーターのシーンとスナックバーの銃撃戦には、複数の類似点がある。結果的に村川たちが乗っていたエレベーターに高橋と殺し屋が自ら入ってきたため、村川が仕掛けた罠に高橋がかかったように見えるが、村川はエレベーターで高橋を待っていたのではない。高橋を見つけ出せず、帰り道だったにすぎない。高橋は偶然エレベーターに入ってくるが、村川と高橋はお互いに顔を知らないから、存在に気づかず、画面上の時間で約十五秒が経ってしまう。これは村川が高橋の登場を全く予想しなかったことを意味する。お互いに気づかなかった画面上の時間十五秒は、スナックバーで村川が二杯目のビールを注文する時まで刺客が攻撃しなかった時間と類似した意味を持つと見ることができる。スナックバーの刺客たちも村川を狙って待っていたわけではなく、彼らが酒を飲んでいる場所に村川が自らやってきたにすぎない。

彼らはお互いに罠を仕掛けたり、罠にかかったわけではなく、のっぴきならない偶然の空間に吸い込まれた人々なのだ。『ソナチネ』に登場するすべての人物はこの「偶然の空間」に囲まれている。

ナポレオンフィッシュが串刺しになっている映画の冒頭は、この映画が表わす偶然の空間を予兆している。釣り針にかかった魚は、水面上の人間が仕掛けた罠に水中の魚がかかったことによって見られるようになる。水面上で行う釣りには、原因と結果が存在するため、そこは必然の空間とも言える。だが、銛《モリ》で魚を突くためには人間も水中に入らなければならない。水中では魚も人間もどこかから現れるかも知れない危険の中に放りこまれているのだ。水中はいつ、どこで、どういうことが起きるのか分からない偶然の空間であるのだ。

東京でクレーンにぶらさがった金本と埠頭に立って彼を見守っていた村川の姿は、釣りをする人間と釣り針にかかった魚の姿を連想させる。村川が東京でプロフェッショナルなヤクザとしての姿を見せるのは、そこが必然の存在する日常空間だからである。だが、沖縄で広がるすべてのシチュエーションは、そこが釣る者と釣られる者の境界が不明である偶然の空間であることを暗示している。

映画の中盤部、村川は海辺の砂浜に穴を掘った後、ケンと良二、そして片桐を砂浜に呼び出す。何も知らないケンと良二は村川が掘っておいた穴に陥ってしまい、村川はその姿を見て楽しんでいる。それを見た片桐は気を付けて穴を避けようとするが、彼も他の穴に陥ってしまう。わけが分からなくても、避けようとしても、そこでは全員が穴に落ちるしかないのだ。

偶然村川に出会った幸も例外ではない。シーン四十八には村川と幸が夫の青い車に乗り、広い海岸道路をドライブする場面が出てくる。だが、車が坂道を降りて画面から見えなくなると突然ブレーキを踏む音が聞こえてくる。海岸道路で車が道の路肩に脱輪しているのだ。村川はケンと良二の助けで車を引き出す。

ケン：「なんでこんな広いとこで落ちんですか？」
村川：「ヘビが出てきたんだよ」
良二：「免許持って無いんじゃないですか」
村川：「こいつ、運転したんだ」
幸：「ちがうよ」

（『シナリオ』一九九三年7月号　38）

ケンのせりふの通り、そこは広い道路で車がほとんど通らない場所である。さらに、誰かが意図的に穴を掘っておいたわけでもないため、車がそこに陥ることは常識的には起こりえない道路なのだ。それにもかかわらず、青い車は画面から見えなくなった所で穴に陥ってしまう。

誰かが意図的に穴に落とさなくても、我々は偶然、穴に落ちることがある。『ソナチネ』の人物はこのように、意図的であっても、偶然であっても、みな罠に陥ってしまう。そして、その罠の中で生き延びようとあがきまわる。

『フィルムメーカーズ〔2〕北野武』で植島啓司は映画『ソナチネ』に対して次のように述べている。

『その男、凶暴につき』『3-4×10月』も、それぞれに味わいはあるが、動と静、偶然と必然、人間と自然、暴力と愛、敵と味方、生と死の奇跡的なバランスが『ソナチネ』においてひとつの頂点に達したように思われる。（中略）いったい生きていく上で信頼に足るものとはいったい何か。新しい合理的な価値観にすがることもできなければ、肉親とか家族とかが血の繋がりに頼ることもできない。そのはざまで揺れ動きつつ、あくまでも戦い続ける戦う主人公たち。しかし、けっして彼らに勝利はおとずれない。現在のわれわれがおかれた状況をこれほど的確に描いたものは他には存在しない（74）。

北野武は沖縄という誰も勝利することができない偶然の穴の中に、すべての人物を追い詰めている。釣る者と釣られる者が曖昧な穴の中で、彼らは必然に戻るために果てしなく戦い続ける。しかし彼らに必然は訪れないのだ。

映画の後半、ホテルの前で青い車に乗った村川が組長を待っている。同じ時間に、廃家の海辺では幸がひとりぼっちで花火を打ち上げている。花火の後、幸は海辺の帰り道で村川が掘っておいた穴に偶然陥ってしまう。そして幸は、落とし穴に落ちたことで、村川のことを思い出し、村川をより一層恋しく思う。しかし村川はその時間、機関銃を持って自分が意図的に作った穴（＝ホテルのパーティー会場）に単身乗り込み、自分を偶然の穴に落とした組長と組織に向かって機関銃を乱射している。すべてのことを破壊させても、限りない偶然の穴から抜け出せないことに気づいた村川は、幸が待っている丘の向こう側で自分の命を絶つ。

ついに日常に戻れず、水中という偶然の空間で、村川は自らを銛で突いてしまったのだ。

第五章　映画監督北野武が描く男と女

北野武の監督第七作目の映画『HANA-BI』[*62]（一九九八）が一九九七年ヴェネツィア国際映画祭でグランプリ（金獅子賞）を受賞した当時の審査委員長は、女性監督・ジェーン・カンピオン[*63]であった。彼女はこの映画について「私は暴力が非常に嫌い。しかし、『HANA-BI』を見てから世の中には必要な暴力もあるということを悟った」と評価した（ジョン・ウンヒョク　411）。

北野武の初期作である『その男、凶暴につき』（一九八九）、『3-4×10月』（一九九〇）、『ソナチネ』（一九九三）は「暴力の三部作」と称するほど暴力的な傾向が強く現れる。しかし、この三本の映画には主人公の暴力に正当性を与える映画的な仕掛けが見つからない。ひたすら生き残るために不可避な暴力だけが存在する。このように不可避な暴力に対する執拗な描写は、北野武の映画を評価する重要なキーワードになる。

＊62　一九九八年／制作会社：バンダイビジュアル、テレビ東京、TOKYO FM／オフィス北野／脚本：北野武／監督：北野武／出演：ビートたけし、岸本加世子、大杉漣、寺島進／一〇三分／第五十四回ヴェネツィア国際映画祭金獅子賞受賞作品

＊63　ジェーン・カンピオン Jane Campion（一九五四〜）ニュージーランド出身の映画監督、脚本家。世界的に有名な女性映画監督の一人。ウェリントンのビクトリア大学で人類学を専攻。短編映画『ピール』（一九八二）がカンヌ国際映画祭の短編映画部門でグランプリを受賞。一九八九年には初の長編映画『スウィーティー』で新進女性映画として世界の注目を浴びた。一九九三年に公開された『ピアノ・レッスン』で女性監督として初めて、カンヌ国際映画祭グランプリ受賞。

北野武の映画には暴力の描写が多いため、ヤクザや刑事のような暴力に近いところで生活をしている人物がたくさん登場する。映画に登場する多くの暴力は男性が男性に行う物理的な暴力が多い。男性の間での暴力は、相手に暴力を加えなければ相手の暴力にあうしかないため、不可避性から生じたものとも見られる。

だが、暴力の三部作には女性に対する暴力も必ず登場する。女性に振るう暴力の様相は、男性に対する暴力とは違う。やむをえず行う暴力とは見られない。女性に対する過度な暴力の様相は、不必要にさえ感じられる。物理的な暴力のみならず、性的な暴力にまで拡大していることもある。これは単純な暴力の観点を乗り越え、北野武が考えている女性観と性的な暴力の本質を理解するのに重要な糸口になると思われる。

本章では暴力の三部作で北野武が表現している男性と女性の性的な特徴を分析し、彼が考えている男女関係の本質を明らかにする。まず三本の映画に登場する男性キャラクターの特徴を分析し、女性に対する彼らの態度と特徴を調べてみる。そして、映画の中で女性に行われる過度な暴力と本質的な制約を分析し、北野武が映画の中で描写する女性の姿を考察する。それを通じて北野武が究極的に表現した男女関係の本質が暴力の様相にどういう影響を与えているのかを考えてみる。

第一節　男性に対する強い執着

暴力の三部作に対する分析を通じて北野武が暴力に対するテーマにこだわっていることを明らかにしてきた。その中でも、暴力の三部作に登場する俳優ビートたけしが、映画の中の誰か一人にこだわっていることに注目したい。興味深いのは、その対象が必ず男であるという事実だ。

『その男、凶暴につき』の我妻刑事は、殺し屋・清弘に驚くほど執着する。『3-4×10月』に登場する沖縄ヤクザの上原は、舎弟である玉城に普通以上の愛着を見せている。『ソナチネ』では主人公の村川と彼の手下である片桐が、そういう関係であると見られる。

『その男、凶暴につき』の我妻と清弘の関係を思い出してほしい。

お互いに強く憎しみ合っている我妻と清弘は、あの手この手を使いながらも、結局は誰もいない倉庫で立ち向かい、お互いに銃を撃ちつつ一緒に死んでいった。ほかの誰をも交えずに、我妻と清弘の二人だけで、死んでいったのである。

我妻と清弘は映画の中盤以後において、麻薬組織の親分である仁藤の自宅で初めて出会う。二人は、一言も言葉を交わさないでただ離れた場所で眺めあう。それ以外には何の関係ももたない。しかし、清弘に対する我妻の過激な尋問は、岩城への復讐という言葉で処理できないほど、暴力的である。我妻は清弘を、ただ一目見ただけで犯人と見なし、証拠が無いにもかかわらず、血まみれになるまで殴りまた殴るからである。清弘に発砲しようとすることを同僚刑事の制止で止める程、清弘に対する我妻の執着は、非常に突発的で執拗である。

我妻に対する清弘の執着もあまり変わらない。我妻に対する復讐のため灯を拉致し、麻薬中毒患者に貶めたうえに、手下に輪姦までさせる。だが清弘は自分の手は汚さない。我妻が復讐しにくることを知った清弘は、手下を全員殺害までして、我妻をたった一人で待っている。我妻に一人で立ち向かう清弘の姿は、復讐や勝負欲の次元を越えている。

このような突発性と執着の状況は『3-4×10月』でより一層露骨な形で現れる。沖縄ヤクザの上原は、弟分の玉城に無理難題を言いつける。自分の愛人との性行を強要し、ついには指をつめさせる。玉城は、上原の理不尽な要求に渋々と応じるだけでなく、死ぬ時までも上原の道連れになる。上原と玉城の関係は、通常の兄弟分関係の域をこえている。きわめて緊密に繋がっている。

玉城と純代のセックスシーンは『3-4×10月』で最も奇妙なシチュエーションであり、上原と玉城の不思議な関係が象徴されている。玉城と純代がベッドでぎこちないセックスをしている様子を、上原はがっしりした男（和男）の体を弄びつつ、見つめている。暫くして、性的に興奮した上原はベッドに近づき「代われ」と言う。玉城は、この苦行からやっと解放されると誤解して、ベッドを譲ろうとする。しかし上原は、純代を押し出して、玉城を上から押さえ込み、彼の体を陵辱する。上原にとって玉城は肉体を交わしてもいい存在であり、自分の肉体の代わりにしてもいい、いわば分身のような存在であったのだ。

阿部嘉昭はこのような上原と玉城の関係に対して次のように述べている。

上原に自己―他者の区別が付かない（それは病的なレベルだ）から、こうした錯綜が起こるのではないか。つまり上原は自分の指を詰めることは玉城の指を詰めることだと本気で信じているようだし、自分の情婦と交わることは自分の情婦と交わる玉城のおカマを掘ることと同義だと正気で思っていると考えられるのだ（104）。

『ソナチネ』でもこのような傾向は続く。暴力団・北嶋組の幹部である村川は、組長から沖縄行きを命令される。沖縄の中松組と敵対する阿南組との抗争を、組員を連れて行って収拾してこいというのだ。しかし、ライバルの幹部・高橋の計略を感じている村川は、どうにも気が乗らない。

高橋：「沖縄の中松さんのところが阿南組とドンパチ始めちゃったらしいんだよ。で、どうしても助けてくれって親分に泣きが入ってさ。まあ、うちとしても人を出さなきゃいけなくさ。村川、お前、何人か連れて行ってくれないか」

村川：「北海道の時はうちの若い衆、三人も死んでるしな。あんまり乗れないな」

高橋：「そのおかげで今のシマ貰ったじゃないか。だいぶ羽振り、いいらしいな、そのくらいの恩返ししなきゃな」

村川：「高橋、お前も行くんだろうな」

高橋：「俺はお前、親分の面倒とか、組のまとめとかやんなきゃいけないだろ。行きたくたって行けないんだよ」

村川：「じゃあ、俺の組はどうなるんだよ」

高橋：「お前の組は片桐が仕切るだろ。後は」

北嶋：「まあ、考えておいてくれよ。ただ、行くだけで後は手打ちで終わりだと思うんだ」

（『シナリオ』一九九三年七月号　30）

高橋は村川に、東京の組は片桐がいるから心配しなくてもいいと言い、親分の北嶋はただ沖縄へ行くだけで済む軽いことであると言う。それにもかかわらず、村川は沖縄に片桐を連れていく。いくら軽いことであっても片桐は村川にとっていなくてはいけない存在なのだから。村川にとって片桐は、自分の影のような存在である。

沖縄に乗り込んだあと、組織の裏切りに改めて気づいた村川は、虚無と遊戯に陥って自分の責任を投げ捨てるが、片桐は自分の任務を忠実に遂行していく。村川の代わりに組織間の交渉に乗り出し、今後の対策も立てる。だが、決して村川に文句を言ったり、反逆を企むことはない。

片桐は、村川の影の役割から一歩すすみ、村川の分身の役割まで果たしているのだ。村川は片桐が自分の役割を代行しているのを当然のこととして受け入れ、組の仕事にまったく興味も無いような姿を見せつづける。村川に対する片桐の愛着は、映画の中で唯一の女である幸の登場でより一層際立ちはじめる。

片桐‥　「兄貴どこ行った？」
ケン‥　「あの女と釣りに行きました」

片桐：「なんだあの女」
ケン：「兄貴のこと好きみたいですよ」
片桐：「(微笑む)」
ケン：「アロハやめたんですか？」
片桐：「余計なこと言ってんじゃねえバカヤロウ！」
ケン：「すみません」

(『シナリオ』一九九三年七月号　39)

シナリオ上では「兄貴のこと好きみたいですよ」というセリフに片桐が微笑むと書いてあるが、実際の画面では怒ったように顔がこわばる。そして、ケンが冗談で言ったアロハの話に真っ赤になって怒ってしまう。「アロハをやめろ」という話は、村川が片桐に語った言葉であった。村川が口にした言葉を、ケンが言っただけでも、冗談だとわかっているのに、片桐は腹が立つ。しかし、片桐は村川を非難しないし、苦情も言わない。村川の影のような自分の役割に忠実に従うだけである。ついに片桐はエレベーターで起きた銃撃戦で村川に飛んでくる銃弾を体で防ぎ、村川の代わりに死を迎える。

暴力の三部作に登場する俳優ビートたけしは、映画の中で、ある男に突発性と執拗さを同時に表わしている、これがその例である。ビートたけしが対象とする男は、敵（清弘）になることもあり、舎弟（玉城）や手下（片桐）になることもある。復讐から始まった感情であるかもしれないし、絆から派生したことであるかも知れない。いずれにせよ、北野武がビートたけしとして出演している我妻、上原、村川が、男性に表している強い執着が通常の男同士の関係を越えていることだけは明らかなのだ。

第二節　女性に与えた本質的な制約

北野武の暴力の三部作に登場するほとんどの人物はヤクザと刑事、そしてその周辺の人物である。映画の中心人物は男性が圧倒的に多い。男性が中心になった映画に男性キャラクターがたくさん登場するのは当然のことであるが、そういう点を考慮するとしても暴力の三部作に女性キャラクターの比重は極端に小さい。『その男、凶暴につき』に出ている女性は、エキストラを除けば、我妻刑事の妹として登場する灯だけであるし、『3－4×10月』では雅樹の彼女、サヤカと沖縄で登場する上原の情婦、純代が助演格として登場するだけである。『ソナチネ』では沖縄で登場する幸一人だけである。しかし、この三本の映画に登場する女性キャラクターたちを分析してみると、単に比重が小さいという言葉だけでは物足りない。

まず『その男、凶暴につき』に登場する灯のキャラクターを見てみよう。

灯の初登場は、兄である我妻とともに病院から退院する場面である。映画では彼女が何の病気にかかっているのか、まったく説明されない。空をぼうっと眺めたり、状況にずれがあるせりふを話すことを通じて、彼女が精神を病んでいることを推測できるだけである。口にするのは「おまつりね」、「ここ魚釣れるのよね」

など、極めて日常的なせりふ、もしくは状況と合わないせりふだけ。それさえも極端に少ない。

我妻と敵対する清弘が灯を拉致し、麻薬中毒者にしたうえに手下に輪姦させるが、彼女はその暴力に対していかなる抵抗もしない。それどころか回復不能の麻薬中毒者になった灯は、兄である我妻によって銃で殺されてしまう。灯というキャラクターは登場から死まで、徹底的に受動的な犠牲の羊の立場に立っているのだ。

『3－4×10月』に登場するサヤカも同様の傾向を見せている。

コーヒーショップの店員であった彼女は、雅樹に出会い、恋人関係に発展していく。無気力な雅樹の人生に意欲を吹き込み、雅樹とともに死まで同行する重要な人物である。それにもかかわらず、映画全般に渡ってサヤカのせりふは「バイク乗ってるんですか？」と「はい」しかない。さらに雅樹一緒に自爆する状況に置かれても、雅樹に徹底的に従うだけで、悲鳴さえ上げない。

もう一人の女性・純代は北野武映画に登場する女性キャラクターの中で、女性たちが最ももどかしく感じるキャラクターだろう。映画の始めから終わりまで、男性の暴力にさらされているからである。彼女は特別な理由もなしに上原の執拗な暴力に苦しめられ、上原の目の前で強制的に玉城とのセックスを要求される。だが純代は抵抗することなく、この性暴行さえ受け入れる。サヤカと純代の受動性は非現実的で不可能に近いが、このすべてのことが雅樹の白昼夢であったという前提があるからこそ、可能であると見られる。

『ソナチネ』の幸は灯、サヤカとは少し違う姿を感じさせるキャラクターであろう。

せりふも比較的多く、物語上の重要性もはるかに高い。灯、サヤカ、純代が徹底的に受動的な立場で男性の暴力にさらされたり、男性に殺されたりしたことに反して、幸は映画が終わるまで死なないだけではなく、男性から物理的な暴力を振るわれることもない。むしろ村川にかばわれることで、映画の中で特別な庇護をうけるという待遇を受けていると見るのが妥当だろう。

とはいえ、幸が暴力にあったり、死ななかったりすることが以前と違うだけで、彼女に与えられた本質的な前提は、それ以前の女性キャラクターとあまり変わらない。幸が村川に出会うきっかけとなったのは、自分を強制的に犯そうとする夫を村川が殺してしまったためだ。誰もいない海辺で夫の暴力に犯されていた彼女を助けてくれたのは、夫より強い村川の暴力であった。村川の暴力で幸は助けられるが、夫は死んでしまう。その事件により幸は自分の意志とは関係なく、夫殺しの共犯者になってしまうのだ。北野武は幸が登場する時点から夫殺しの共犯者という束縛で縛りつけて彼女の選択を制限している。

その状況で幸は自ら矛盾に陥ることになる。幸は自分を助けた代わりに夫を殺してしまった村川の罪を黙認し、村川を愛することになったのだ。このような幸の自己矛盾は以後の状況を受動的に受け入れるしかない根本的な限界として作用する。幸は村川を愛して村川たちと一緒に生活をすることになるが、映画の後半では自分の意志と関係なく村川と別れることになる。

結局、彼女が愛した村川の暴力のせいで、幸以外のすべての人物は死を迎え、彼女は誰もいない丘に立って、帰ってこない村川を待たざるをえない運命になる。その状況の中で幸にできることは何もない。

暴力の三部作に登場する女性キャラクターは一様に非現実的に感じられる受動性を表わしている。その受動性の根源には、それを可能にする根本的な制約が加えられている。『その男、凶暴につき』の灯には、精神病という根本的な制約があった。『3-4×10月』のサヤカと純代の受動性には、夢という根本的な前提が敷かれている。『ソナチネ』に登場する幸は、選択の余地をなくした村川のせいで自己矛盾に陥り、それが幸を受動的に縛りつけてしまうのだ。北野武が描き出す女性キャラクターは、映画の中の比重が小さいだけではなく、根本的な制約を持ったまま映画に登場していることが分かる。

第三節　男性の「無能」と女に対する不必要な暴力

『HANA-BI』は、日本を始め世界35か国で広く上映され、北野武の海外での知名度は順調に高まっていった。だが、『HANA-BI』を通じて観客の関心の中心になったのは映画の男性主演であった西や堀部ではなく、岸本加世子が演じた西の妻、美幸であった。

美幸はヒロインであり、西の手厚い愛を受けると同時に、映画のエンディングでは西と共に心中で命を終えるというドラマチックな役割である。そして美幸のセリフは「ありがとう」と「ごめんね」、このただ二つしかなかった。これが見る者の心をつかんだ。『HANA-BI』が公開されて以降、北野武のマスコミインタビューでも美幸のキャラクターに対する質問は絶えず寄せられた。

映画評論家石原郁子は『HANA-BI』が公開された直後、キネマ旬報一九九八年一月下旬号で北野武映画の女性キャラクターに対して次のように評価している。

北野作品における俳優ビートたけしは女性よりも男性との関係を濃密にもつ。女性に対しては、最初から価値を認めずに冷たくあしらうか、逆に、天上的とでも言える特別な待遇を与え、いずれにせよ通常の男女の関係はそこにはない。後者の例である『ソナチネ』の国舞亜矢にしても本作の岸本加世子にしても彼にとって現世的なセックスの対象ではなく、彼女たちとの関係は直接死に結びつく(57)。

女性のせりふを極端に制限させる演出術は『ＨＡＮＡ‐ＢＩ』だけではなく、北野武映画の全般にわたって現れる特徴でもある。極端に制限された女性のせりふは男女関係の描写にも影響を及ぼす。従って、石原郁子の指摘のように、暴力の三部作に登場する男性たちは女性より男性との関係で親密さを見せる。特に暴力の三部作には通常的な男女関係の描写が見られない。

『その男、凶暴につき』では男女関係と言えるほどの関係が全くないし、『3‐4×10月』の雅樹とサヤカは恋人関係として登場するが、二人は軽い触れ合いや対話さえほとんどしない。『ソナチネ』の村川と幸も恋人関係に発展していくが、二人が恋人であることを説明してくれる場面はないといっても過言ではない。

このように軽い接触や対話さえないため、通常のセックスもあるはずがない。『その男、凶暴につき』では清弘の手下に灯が輪姦される場面が、唯一のセックスであると見られる。『3‐4×10月』ではセックスシーンが三回あるがいずれも強制的であり、いかなる性的な興奮も与えない。『ソナチネ』には、セックスシーンは一度も描かれていない。

『ソナチネ』の中盤部に、村川と幸が奇妙なデートをするくだりがある。親しくなった村川と幸が、海辺の岩の上で話をしていると、突然スコールに見舞われる。二人は雨をよけて林の中を早足で歩いていくが、その途中で幸が村川の手を引っぱる。幸は突然、村川の目の前で水にへばりついたシャツを脱いで胸を見せる。村川はそのような幸を見て「平気でおっぱい出しちゃうんだもんな　すごいよな」と冗談を言うだけで彼女に近づこうとしない。幸もそういう村川を無垢な目つきで眺めつつ笑うだけで、積極的に村川を誘惑しようとしない。

阿部嘉昭は『ソナチネ』で女性に対する村川の態度について次のように論じている。


じっさい村川はこの作品では女嫌いのように見える。村川は『3-4×10月』の上原のように死と極限的に近づいた場所でいわれなき官能に刺し貫かれて、突発的な性交に耽ったりしない。村川の沖縄行きを組長が事情説明するために組幹部が集まったバーを村川が辞去するとき、彼は通りすがった店の女たちに冷酷と見えるほど一瞥も与えなかった。村川がそののち幸に惹かれたとしても、それは幸の無垢によってであって、それが性的な情熱に高まっていかなかったことは、スコールのさい幸が村川に裸の胸を見せる件りにも感じられる（149－150）。

このように北野武が描写する男性たちは女性に対して無関心な態度を跳び越え、女性との関係を忌避しているとの印象まで与えている。これは単純に女性を嫌がる次元の問題ではない。女性との関係を忌避することだけでなく、意図的に女性を疎外させるために、男性間の連帯意識を強く表わしているからである。

『3－4×10月』の中盤には、米軍から不法銃器を受け取りに行く上原たちが、途中で車を降りてアイスバーを一緒に食べるシーンが出てくる。車から降りた上原がアイスバーを四つ買い、雅樹、和男、玉城と分け合って食べる。けれどもアイスバーを欲しがる純代には与えない。村川が純代だけにアイスバーを与えない理由は見つけることができない。男性の性器を連想させるアイスバーを舐めている男たちの間でいじめられている純代の姿は非常にぎこちない。

『ソナチネ』でもこのような傾向が続く。

映画の中で紅一点である幸は村川たちと廃家で一緒に生活し始めるが、彼女の姿は昼間だけに限られ、夜には登場しない。一日目の夜も、二日目の夜も、三日目の夜も、村川たちは子供のように遊んでいるが、その場に幸はない。孤立した廃家での共同生活という設定を考えると、幸を画面から除外することは難しい。それにもかかわらず、北野武は意図的に、夜になれば幸の姿を画面に登場させない。幸の世界は昼間だけに限定され、夜の世界は男性たちの世界であることを意図的に表していることがわかる。

北野武が描く男性たちは女性との円滑な関係を追求することよりも、男同士の連帯を通じて女性を意図的に疎外させることを選ぶ[*64]。

しかし、相対的に力のうえでは優位に立っている男性たちが、連帯を通じてまで女性を疎外させなければならない理由は、簡単には見つからない。その理由を見つけるためには、映画中の男性たちがどういう状況に置かれているのかを確認する必要がある。

『その男、凶暴につき』の我妻と清弘はそれぞれ警察とヤクザという組織の一員であるが、二人とも組織では疎まれているアウトサイダーである。我妻はとうとう警察をクビになり、清弘は親分である仁藤から「二度と現れるな」と言われる。『3-4×10月』の上原と玉城も同様に、組織に不要な存在である。二人は沖縄ヤクザ組織の一員であるが、幹部から「お前はクズだ」ということまで言われる人物だ。その上に彼らは使い込んだ金と上原の指を持って行かないと、破門さ

＊64　男性と女性の世界を意図的に区分したり、連帯を通じてまで女性を疎外させようとする彼らの行動は非常に幼児的といわざるをえない。この彼らの様子を社会的に孤立されたヤクザたちの社会不適応に起因するとみる意見も存在する。韓国の映画雑誌『シネ21』でナム・ドンチョルは『ソナチネ』に登場するヤクザの姿について次のように述べている。「ヤクザたちが世間知らずの子供のように遊ぶ『ソナチネ』の場面は、社会化されてない精神と、威圧感を与えるほど大きくなった肉体の不調和を見せる。彼らの体に刻んだ入れ墨は象徴的である。子供を除けば自分の体を身分証として使う集団をどこで見られるだろうか。いわばヤクザは未成熟な社会の傍証であり、社会から自らを孤立させようと努める人々であるのだ」

れる危機に置かれている。『ソナチネ』の村川と三人の手下も、親分から抹殺されかけている。親分の指示により沖縄という遠い所へ送られるが、そこでも居場所がなくなり、海辺の廃家に身を隠さざるを得ない状況である。

暴力の三部作の中心人物をなす男たちは、「不要な男」であり、組織からみれば除去すべき対象にあたる男たちとして描かれている。

暴力の三部作において、男同士の連帯を通じてまで、女性を疎外させようとする男たちの共通点は、「組織で不要な存在である」という事実だ。彼らの職業が警察やヤクザのように、組織の力がなければ成り立たない職業であることを考えると、彼らが男として「無能」な状況に置かれていることも確かである。特に警察やヤクザという職業が、他の職業に比べて相対的に男性の力に依存するという点は彼らの「無能」をより一層著しくする。

彼らの「無能」は性的な部分まで拡大される。暴力の三部作には強姦、輪姦のような性的な暴力シーンが出てくる。そして、その強姦の現場には「無能」に陥った男性も一緒にいる。ここが興味深い。その男性は性犯罪がおこなわれている現場から目をそらすだけではなく、銃を用いてその現場から立ち去ろうとするのだ。

一九九七年十二月に開催された第一回京都映画祭のシンポジウムで北野武は

『HANA-BI』で話題になった美幸のキャラクターについてこう語る。

今回の岸本加世子ちゃんの役は、とにかくしゃべらないことを基本にしたんですよ。男の子と女の子がしゃべったり、触れ合ったりするってことは何かセックスの前戯のような気がしてしょうがないの。そうするとあの二人の道行きの中で、セックスの匂いが一個でもあったらもうダメだと思うんだけど。セックスとはすなわち、死であるから。

（「北野武監督、学生と語る」、『キネマ旬報』、一九九九年一〇月上旬特別号　82）

北野武は男と女の軽い接触や対話さえ死の匂いがすると表現している。この発言は暴力の三部作で現れる北野武の男女関係の描写を説明するにあたって、非常に重要な発言に違いない。北野が実際に描いている男性たちは女性を嫌うのではなく、女性との接触を恐れているのではないか。そして、それは男としての「無能」、ひいては性的な「不能」に起因しているのではないか。

『その男、凶暴につき』で清弘が灯に与えた暴力は、のっぴきならない暴力ではなく、不必要な暴力だった。灯に加える過度な暴力が我妻に対する復讐のためであったとしたら、灯の輪姦に自ら加担するか、その事実を我妻に知らせるのが当然の行動であるだろう。だが、清弘は輪姦に加担することもせず、我妻にその事実を知らせることもない。手下たちを通じてだけ、灯に不必要な暴力をふるう。灯を輪姦したという理由で、手下たちを脅かしている清弘の二重的な態度は、性的な接触に対する清弘の態度に象徴される。

清弘：「この女のあにきが来る。これから殺し合いになるかもな…　お前ら女まわしといて逃げる気じゃねえだろうな。逃げたら俺がお前らを殺すからな」
　銃を点検していた清弘、顔を上げて。
清弘：「どっちにしろお前らみんな死ぬかもしれないな」
小田：「……」
植松：「……」
片平：「冗談じゃないわよ」
　言いざま血を吹き出して倒れる片平。
　清弘、何事も無かったように散弾銃を置く。
　恐怖と憎悪がいりまじった目で清弘を見つめている植松。[*65]
（『キネマ旬報』一九八九年八月上旬号　103）

＊65　引用されたこのシーンには女性を犯した手下たちと違って、輪姦に加担しなかった清弘の道徳的な優越感が隠れている。すなわち、自分は罪がないから罪を犯した手下たちを断罪してもいいという論理が成立するのだ。

清弘は灯を犯したという理由で手下たちの罪の意識を刺激する。以前まで何の罪悪感もなしで灯を犯していた手下たちは、清弘の話を聞いてから突然恐怖と罪悪感に覆われて清弘から逃げようとする。清弘が恐怖におののく片平と植松を銃で殺しているうちに、小田は倉庫の外を出て行こうとドアを開ける。ドアが開く同時に我妻が現れ、小田を射殺する。手下たちは、清弘が警告したようにどうせ死ぬ命だったのだ。この瞬間だけは清弘と我妻が同類であるかのように見える。灯を犯した手下たちを処断する過程の中で互いに協力しているためである。「無能」と「不能」に置かれた我妻と清弘は、銃を用いることで彼らの男性的な力を見せつける。男根の代わりに銃を使っているのだ[*66]。

『3－4×10月』で上原が玉城に自分の女、純代と性交を強要することも、『ソナチネ』で村川が裸の胸を見せてくれる幸に近づこうとしないことも、同じ理由であろう。「無能」というコードを与えられた上原と村川は、自分の女とも性交を結ぶことができない。その代わりに機関銃という男根の代替物で「有能」というコードをもつヤクザの親分と幹部たちを皆殺しにしてしまう。

暴力の三部作に登場する男たちの連帯意識には力の「無能」と性的な「不能」に置かれている男性の恐れと共に、女性との性的な接触を事前に遮断しようとす

*66　塚田幸光は『ワイルドバンチ』のパイクが男性ジェンダーを獲得するために暴力をつかっていることを指摘しつつ、パイクを「不能のカウボーイ」と表現している。彼は『ワイルドバンチ』後半に登場する銃撃戦に対し、「男根の代わりに「銃」が、性交ではなく「銃撃戦」が、「カウボーイ」であるためには必須であり、そうすることでしか男性ジェンダーを獲得できない」と語る（144）。（しかし、一章の注釈で明らかにしたように、パイクが娼婦から目を背けることだけで、彼を性的な「不能」と断定することは難しい。）

る牽制意識が強く現れる。「無能」と「不能」に陥っている彼らは女性との関係を恐れ、男性と女性の世界を意図的に区分しつつ、女性に不必要な暴力を加えて、女性との接触を避けようとする。男性に不可避な暴力を加えたことに反して、女性には不必要な暴力を加えるしかなかった背景には、女性を満足させることができない男性たちの恐れが強く反映されている。

第六章　暴力映画とポルノグラフィー

川本三郎は『映画監督ベスト一〇一・日本篇』で北野武映画の暴力について次のように書いている。

北野武の手になる『その男、凶暴につき』は、暴力描写には定評のある深作も及びがつかないほどの生々しい暴力が全編を覆う映画として登場した。暴力そのものが激烈なのでない。暴力の突発性と執拗さが凶々しく見る側の生理に突き刺さってくるのだ。それはまさしく「暴力の映画」でなく「映画の暴力」としてスクリーンに炸裂した（1996　川本　66）。

彼が指摘するように北野武の映画は観客に強い暴力性を感じさせるが、実際映画の中で暴力描写が占める比重は、他のアクション映画に比べ決して高いとは言えない。先述したように、ペキンパーは銃撃戦や暴力場面になると、それぞれ異なるフィルムスピードとレンズを設定・装着した六台のカメラで撮り、ガンマンたちが血まみれで死んでいく瞬間を、スローモーションやクロス・カッティングを用い、時間をわざわざ延ばしながら見せていく。『ワイルドバンチ』で使われたカット数は三千カット以上であるが、ペキンパーはその三分の一を暴力描写で使っていることも先に述べた。

『ソナチネ』で最も激烈だと言えるエンディングのホテル乱射シーンで使われたカット数は、二十カットにもならない。アクションを演出するうえで、運動性を強調するために一般的に頻繁に使われることが多い移動撮影も、皆無である。そのうえ照明もほとんど使っていないため、暴力を振るわれて死んでいく人たちの姿はきわめて見づらい。北野武は映画の中に暴力を描いてはいるものの、暴力を描く仕掛けは、例えばペキンパーと比較したところで、きわめてあっさりしていることがわかるだろう。

川本三郎は北野武映画の生々しい暴力性の根源として、暴力の突発性と執拗さを指摘している。これは北野武本人をはじめとする多くの批評家たちが認めているることである。北野武はキネマ旬報のインタビューで予期せぬ突発性が暴力の本質であると規定している。そういう意味で監督三作目の映画『あの夏、いちばん静かな海。』で淡々と二人の世界で生きている時に、突如襲い掛かる茂の死が最強の暴力であると彼は言う。[*67]

本章では暴力の突発性と執拗さが北野武映画の生々しい暴力性の重要な原因であることを認めると同時に、暴力の三部作に現れた他の特徴にも注目したい。そしてその特徴が北野武の強烈な暴力描写にどういう影響を及ぼしたのかを確認し、それが暴力の突発性と執拗さよりも、さらに根源的な原因として位置づけられることを、次節において検証しよう。

＊67　「石塚（石塚哲也）：『あの夏、いちばん静かな海。』は一応恋愛映画の範疇に入りますが、あの映画は暴力とかほとんど描かれないで、かなり（北野作品の中では）珍しいと思うんですよ。何か思う所があったんでしょうか。
北野（北野武）：いや『あの夏、いちばん静かな海。』では、あの主人公の少年が死んだっていう、あれが一番の暴力かなって思ってる。淡々と二人の世界で生きてる時に、突如襲い掛かる死っていうのは、最強の暴力じゃないかなってね」（『キネマ旬報』、一九九九年一〇月上旬特別号　82）

第一節　目的としての暴力

北野武の初期作四本を「起承転結」で表現した山根貞男の指摘のように、北野は映画を撮るたびに監督以外の分野も手掛ける。『その男、凶暴につき』では俳優と監督、『3-4×10月』においては、俳優と監督、そして脚本も担当した。『あの夏、いちばん静かな海。』では脚本、監督、編集を担当し、『ソナチネ』では俳優、脚本、監督、編集の一人四役を果たしている。

北野は『あの夏、いちばん静かな海。』以後、自分のすべての映画において、自ら編集を担当する。商業映画で監督が編集まで手掛けることは、世界的にも珍しい。だが北野は、映画全ての作業の中で編集する時が一番幸せな仕事だと言うほど、編集に対して強い愛着を見せている。

映画評論家・蓮實重彦とのインタビューで、北野武は編集を手掛けるようになった理由について次のように語っている。

　映画を撮ってるときに見てるのは自分だし、わりかし自分の心臓の鼓動を意識しながらっていうか、心臓が脈を打って、そのおかげで血が循環してその絵を見てるわけですよね。で、撮った映画を見るときに自分がいちばん心地よいのは自分の心臓の鼓動と脈拍で見るもんだから、他人の心拍数でカットされちゃうと困るんですよね（蓮見　172）。

阿部嘉昭はこのインタビューに注目し、北野武の映画は「彼が出演していなくとも、彼の肉体と連動している」（190）と表現している。

北野武が自ら明らかにしているように、彼の編集は一般的な商業映画の編集と多くの点で違っている。商業映画の編集が観客に気づかせないことを目指すとすれば、北野の目的は、彼自身の心臓リズムに合わせて編集をすることだ。よって「フィルムを編集した」と、観客がすぐに気がつくようなことがおきたとしても、それは当然だといえるだろう。

代表的な例として『その男、凶暴につき』に登場する歩行シーンが取り上げられる。

映画の前半部に我妻が警察署へ向かって歩いて出勤するシークエンスを、四つのカットを用いて、二分間という長い時間で見せていく。我妻が歩く間に特別な状況も起きず、ひたすら歩くだけであることを考えると、二分間にもわたる長い時間を歩行の描写に使う必要はない。この結果、観客が気づかない編集ではなく、観客が気づかざるをえない編集になっている。これは、北野の編集に彼の意図が強く反映されていることを意味する。

北野武の編集上の特徴を分析することは、北野の映画を知るうえで重要な意味を持つのは、そのためである。

北野の映画はインサート画面[*68]が極端に少なく、画面と画面のつなぎ目も滑らかとは言えない。[*69]その上画面の経済性原則に照らし合わせると、合点がいかない場面さえたくさん登場している。

何より興味深いのは、プロローグがカメラに向かっている人物のバスト・ショットから始まる場合が多いということだ。『その男、凶暴につき』のプロローグはカメラに向かってぼうっと笑っている浮浪者のバスト・ショットから、『3-4×10月』ではトイレで用を足している雅樹の正面バスト・ショットから、『ソナチネ』は麻雀店従業員のバスト・ショットから始まった。この傾向は暴力の三部作だけではなく、『HANA-BI』でも続く。

『HANA-BI』のプロローグは青い空から始まる。だが、次の場面は正面に向かっている作業着の青年二人のバスト・ショット。次は彼らに向かっている西（ビートたけし）のバスト・ショットへと続いていく。西がふと車のボンネット上を見ると、そこには食べ残しの弁当が汚らしく置かれ

*68　インサート（Insert）：「挿入の意味で、ドラマが進行している中に、急に手紙とか新聞とかのショットが挿入されるようなことをいう」（田山　11）

*69　出来る限りつなぎ目をなくし、自然に見えるように編集することをコンティニュイティ編集（Continuity editing）、あるいは、インヴィジブル編集（Invisible editing）という。物語の連続性を重視する商業映画においてはベースと言える。『フィルム・スタディーズ事典―映画・映像用語のすべて』ではコンティニュイティ編集について「二つの画面における方向感覚を一致させる」ことと説明し、その目的は「強調点を劇的に構成したり、登場人物と観客の同一化をコントロールしたりすること」と記す（122）。

ている。再び彼らをにらむ西。次のカットは立ち向かっている青年二人と西の姿のプルショット。このプルショットにより、彼らが立っている場所が立体駐車場の屋上だと分かる。西がポケットから何かを取り出そうとする瞬間に、画面が急に入れ替わり、雑巾で車のフロントガラスを拭く青年の姿が出てくる。ボンネットの上に上がって車を拭いている青年の姿を、西が隣で見守っている。西は車を拭いている青年を訳もなく蹴りあげ、青年は下に倒れてしまう。しばらくして『HANA-BI』という英文タイトルがあがる。その次の場面は、駐車場の地面に赤いスプレーで「死ね」という大きい字が書かれている。そして、映画は始まる。

十二カットで構成されたこのシーンはプロローグに当たる。そのため、当然ながら、ここに至るまでの情報はない。その上にセリフもなく時間の省略もあるため、全体的な状況を把握することは難しい。だが、与えられた情報だけでも、推測できる因果関係は存在する。

青い空が広がる立体駐車場の上で、ある男（西）と二人の青年が立ち向かっていること。そして、対立している理由は二人の青年がある人物の車の上で弁当を食べて車を汚したためであろうという推測である。もちろんこの車が西の車であることも、何の情報もないため、単に「西の車かもしれない」と、推測するだけだ。ついに、青年はある過程を経て西の車を拭くことになるが、西は突然その青年を足で蹴ってなぎ倒す。そして、時間が経った後、駐車場の地面に誰かが「死ね」という落書きを書く。こう推測することは、たしかにできるプロローグである。

　しかし、このような推測の中でも最後まで因果関係が分からないところがある。堂々として西に立ち向かっていた青年の態度が、なぜ急に変わることになったのかということだ。映画では西がポケットから何かを取り出そうとする瞬間、画面が車を拭く青年の姿に急に入れ替わる。観客は省略された時間の中で、どんなことがあったのか分からない。青年がなぜ急に車を拭くことになったのか、また西はなぜその青年を足で蹴るのかも当然分からない。時間が省略されているために、西の暴力は、理由なき暴力になってしまった。逆に、省略だらけで語られた西の暴力は、それが目に見える形で行使されるとき、最も印象に残る瞬間となる。西がふるう理由なき暴力は、何かを解決するための手段ではない。暴力そのものが目的になってしまう。この場面で観客が理解できることは、西が青年に行使した純粋な暴力だけである[＊70]。

　『その男、凶暴につき』のプロローグもこれと類似したパターンを見せる。

　映画の冒頭は、カメラを呆然とした顔で眺める浮浪者のバスト・ショットから始まることは述べた。暫くしてどこかから現れた四人の少年たちは、訳もなく浮浪者を殴りつけ始める。少年たちの暴力は二分間も続けられ、浮浪者はついに気

＊70　プロローグのシチュエーションは後でもう一度繰返される。同じ場所で西の車の横に青年二人が立っている。車の方に歩いてくる西は訳もなく、青年に暴力を振るう。青年もナイフをもって西に対抗するが、ついに西の暴力を受けて倒れてしまう。しかし、このシーンでも二人がなぜけんかをするのか説明しないし、これ以上青年二人は映画にもう出ない。したがって、この二番目のシーンも暴力しか印象に残らないのだ。

を失って動かなくなる。少年たちは暴力を止めて家に帰る。浮浪者に対する少年たちの暴力は、いかなる理由や前兆もなく、突然行われる。その暴力は、浮浪者が気を失うまで二分間も続けられている点を考えると、この暴力は川本三郎が指摘したところの、暴力の突発性と執拗さを同時に見せているものと言えるだろう。

本書で注目する点は、北野武が暴力そのものを映画の目的にしているということである。暴力の三部作に現れる映画中の暴力の様相は、因果性が欠如した暴力が、編集の優先順位において最優先に置かれている。

『その男、凶暴につき』における今述べたシーンは映画のプロローグであるため、観る側は当然いかなる情報も持っていない。四人の少年がなぜ浮浪者を暴行するのかはわからない。少年たちは浮浪者から何かを盗んだり、奪ったりせず、彼が気を失ったことを確認すると、そのまま帰宅してしまう。少年たちの暴力は、暴力を通じて何か得ようとする暴力ではない。ただ浮浪者が気を失う時まで暴力を行使するのが目的であったのだ。このシーンの暴力も『ＨＡＮＡ-ＢＩ』のプロローグと同様に、因果性や手段を含んだ暴力でない。暴力そのものが目的になっている。

北野映画が暴力を目的にしているということは、暴力を受ける映画中の登場人物が暴力を避けないことによっても、よく表現されている。暴力の三部作では何度か銃撃戦が行われるが、主演、助演、エキストラを問わず、誰一人も銃弾を避けない。『ソナチネ』のエンディングに登場するホテルの銃撃シーンや、『3－4×10月』に出てくるヤクザ事務室の機関銃乱射シーンでも、飛んでくる弾丸を避ける人は誰もいない。それどころか、横に並んだままで飛んでくる弾丸を受け、そのまま撃たれてしまう人もいる。こういう特徴は銃による暴力の場合だけではなく、腕力による暴力の場合にも見出すことができる。

『その男、凶暴につき』の中盤部、麻薬の流通ルートを捜査していた我妻は、麻薬商・橋爪がナイトクラブのトイレで麻薬取引をしている現場を襲う。我妻は、知らない振りをしている橋爪を暴力で制圧し、その場で乱暴に尋問をする。我妻は、二十三回も規則的に橋爪の顔を殴りつづけて、自白を強要する。この場面は一分二十秒、ワンショットをリアルタイムで見せている。

北野武はキネマ旬報とのインタビューで、この場面を撮る際にいかなるトリックもなしで実際に彼の顔を殴りながら撮影したと明らかにしている。[*71] 橋爪の顔は我妻の執拗な暴力により血まみれになっていく。しかし橋爪は、我妻の暴力を全く避けない。

北野映画を見る観客は、映画の中において、暴力を振るわれた相手の反応を見ることはできない。暴力を振るわれながら、暴力を避けようとする動きも、暴力に立ち向かう姿もない。死に際まで、誰も悲鳴さえ上げない。暴力の受け手はあ

＊71　『キネマ旬報』一九八九年八月上旬号　90

たかも暴力を待っていた人のように、暴力に順応する。

映画でも現実でも暴力が手段として有効な理由は、暴力には必ず強い反応が伴うためである。暴力が恐くて暴力を避けようが、暴力を防ぐために暴力で対抗しようが、手段としての暴力には強い反応がその後に従う。だが北野武がつくる映画の中の男たちは、突発的な暴力であろうが執拗な暴力であろうが、暴力に対する反応をほとんど見せない。このような無反応の中において、暴力が手段として有効であるわけはない。

北野の映画において観客が暴力を見るとき、そこには暴力を振るわれたものの無反応だけがある。暴力を受けたものは、何ひとつ反応を示さない。殴られたものは、殴られっぱなし。蹴られたものは、蹴られっぱなし。殴る側と、殴られる側。蹴る側と、蹴られる側。そこにはただ、暴力そのものを見るだけである。北野武は、映画において暴力を手段として使っているわけではない。北野は暴力を、純粋に暴力そのものを、映画の目的にしている。

北野武が、暴力そのものを映画の目的としているということは、確かにペキンパーや深作とは異なり、北野特有のことだといえる。ペキンパーのすべての映画には過度な暴力が流れているが、暴力を加える者の姿よりも、かえって暴力を振るわれる者の激烈な反応を描くことに力を入れている。ペキンパーのトレードマークとなったクロス・カッティングやスローモーションによる暴力描写は、ほとんど暴力を振るわれる人物の描写に使われている。

暴力は、深作の映画にとっても欠かせない要素といえる。深作もまた暴力を振るわれる人物の激烈な苦痛をよく描写する。例として「仁義なき戦い」シリーズにおいて、暴力団同士の抗争によって死んでいく悪党のすさまじい最後の姿があげられるだろう。「仁義なき戦い」シリーズは、「実録映画」と銘打たれた作品であるため、字幕を使って画面を停止させ、さらにそれを長尺で見せることで、新聞や報道でみかけるようなショッキングな写真に模したショットを作ろうとした。[*72]

この静止画像において最も衝撃を与えるのも、暴力を振るわれる人物の凄まじい反応にほかならない。

ペキンパーと深作は、暴力を振るわれる側の痛みを描いた。北野が描くのは、一方的に振るわれる激烈な暴力、そして暴力を振るわれてなお無反応な人物である。北野の映画における暴力は、ペキンパーと深作が描く暴力とは、明らかに一線を画している。

＊72　深作欣二の映画同僚であり、殺陣師でもある上野隆三は、深作演出の特徴を「端役の一人ひとりにいたるまで死にざまをきちんと撮ってくれた」と表現した。米原尚志は彼の話に注目し、深作映画の演出を「その他大勢の死」から「意味のあるひとりの人間の死」へと昇格したと評する（山根・米原　47）。

第二節　北野映画の暴力に現れるポルノグラフィーの属性

塚田幸光は自らの著書『シネマとジェンダー』で性と暴力は不可分の関係であることを強調しつつ、次のように述べている。

欲望は「性」の隠喩となり、それは複数の「暴力」として表出する。性と暴力、欲望と権力は、相互浸食／相互依存し、スクリーンの皮膜を漂うのだ。例えば、「性差」と「国境」を想起しよう。近代国家の法秩序とは、この二つの軸で絶えざる「暴力」を行使してはいなかったか(10)。

塚田が指摘した性と暴力の不可避な関係性が最も赤裸々な形で現れるのは、ポルノグラフィーだろう。塚田はポルノグラフィーについて性的興奮を喚起させる性器や性交渉の描写というのが一般的な解釈と言及している。一方、『フィルム・スタディーズ事典』ではポルノグラフィーをついて次のように定義している。

ポルノグラフィの定義および個々のどの作品をポルノグラフィ的だと判断するかは、学者、検閲に関係する役人、地域共同体のあいだでの激しい議論の的であった。ある映画をポルノグラフィ的だと言えるのは、出演者の誰もが虐待され価値が劣った者として扱われる時、あるいは作品に肯定的な社会的価値が全くないときであろう（351）。

ポルノグラフィーの特質が用いられたポルノ映画は性的な描写が極端な形で描写された映画である。ポルノ映画は検閲の範囲の中に存在することもあるが、検閲の手が届かないポルノ映画は確かに存在する。引用で述べられたようにポルノ映画において女性に対する暴力は、性的な虐待の形で現れる。したがって、家父長的な支配と女性の商品化という側面でフェミニストから絶えず攻撃を受けてきた。

本書で注目したいのは、ポルノ映画に登場する人物の性的な描写に因果性が欠如していることと、性的な虐待を性的な満足として表現しなければならない人物性格の反語的な表現である。ポルノ映画には映画全体において多様な性行為が描写される。だが、性的興奮を喚起させることが目的であるため、性行為の因果性は考慮の対象にならない。ポルノグラフィーの目的は、見る者に直接的だと思わせる性行為を見せることである。

スナッフ映画[*73]のような実際の状況をリアルタイムで撮影した映画でない限り、

＊73　殺人映画、スナッフ映画（Snuff movie）：「ドキュメンタリー映画以外の映画で、人間が本当に殺害される様子を撮影する映画。おそらく、窃視症的快楽を目的とする富裕な後援者によって製作を依頼されると一般に信じられている」（ブランドフォード他　134）

ポルノグラフィーの女性演技者は、映画作品において、性的に虐待される姿を、性的に興奮した姿に変えて演じなければならない。ポルノグラフィーに出演している女性は、現実には、性的虐待を受けることで性的に満足しているわけではない。しかしポルノ映画においては、性的に嗜虐されているところを見せることによって、ポルノ映画を見る観客（主に男性）に性的な苛虐《かぎやく》性を感じさせることになる。これがポルノグラフィーの属性の一つであると見られる。

右で述べた属性は、北野武が描写する暴力の様相と多くの点で類似性をもつ。北野映画で描写される暴力の様相は、暴力に対する因果性の欠如と、暴力に対する男性たちの無反応を通じて、暴力そのものを目的化していることはすでに指摘した。特に、物理的な暴力にいかなる反応も見せない男性像が実際には存在しないことを考えると、これは性的な虐待を性的な満足として表現するポルノグラフィーの女性像とあまり変わらないのである。すなわち、ポルノグラフィーが女性性の反語的な表現を通じて女性に対する男性の性的な暴力を表象しているとすれば、北野武の映画は男性性の反語的な表現を通じて、男性から男性への物理的な暴力を表象しているのだ。

『ソナチネ』の後半部に中松組の親分と組員二人が、釣り師に扮した刺客に殺害される場面に戻ってみよう。

先に左側の組員が銃に撃たれ、その次は右側の組員、そして最後に真ん中に立っていた中松が銃弾に倒れる。この三人は順々に、何の反応も見せず、何ら抵抗することもなく、無反応に殺し屋の銃弾に撃たれて死んでいく。

現実性が全くない設定である。銃声や暴力に反応するのは、知覚に関する本能の問題であるはずだ。暴力に対する反応はもちろん、人間の知覚に関する本能的な反応さえ見せないならば、三人がそこに立っている理由は、単に暴力にあうことだけが目的だとしか、言いようがない。

暴力に対する因果性が欠如する点は無論のこと、三人の男たちは、暴力に対する本能的な反応まで奪われている。つまり、映画の中における男性性までをも、完全に除去されていると考えてもいい。北野武は男性性が排除された三人の男が、何の抵抗もなしに暴力を受け入れる姿を表すことを通じて、暴力の被虐性を強調する。観客はしたがってこの場面において、強い暴力性を感じるしかない。このシーンで起きていることは、性的な被虐性を通じて観客に性的な苛虐性を伝え、それを介して強いセクシュアリティを感じさせるポルノグラフィーの属性と、あまり違わない。

北野武の暴力の三部作で描写される暴力描写の強度は、他者の映画に比べて、決して過度ではないという点は前述したとおりである。にもかかわらず北野の映画が強い暴力性を感じさせる理由の根源には、暴力描写の様相がポルノグラフィーで提示される性的な描写の属性に従っていることがあると推測できる。つまり、北野武の映画を見る観客は、因果性が欠如した目的としての暴力を目撃することにより、暴力描写の強度と関わりなく、強い暴力性を感じることになる。川本三郎が「暴力の映画」でなく「映画の暴力」だと表現したように、手段ではなく目的としての暴力は、観客にとって暴力そのものにしか感じられないのだ。

終わりに　暴力に秘められた新たな可能性

一九七一年、サム・ペキンパーの映画『わらの犬』が公開されると、アメリカの映画評論家ポーリン・ケイルはこの映画を「ファシストの芸術作品と言えるアメリカの最初の映画」と評し、ペキンパーを非難した。[*74] 評論家たちは、暴力に対するペキンパーの態度に批判的であった。『わらの犬』はそのような批判がおきるほどに、暴力に対する暗い面を探った作品であった。

『わらの犬』の後半部に出てくる暴力シーンは、特に多くの論議をまき起こした。デイヴィッドの家を襲おうとする村の住民たちと、家を守ろうとするデイヴィッドが、激烈な死闘を繰り広げる。住民たちの非理性的な暴力を止めるのは、理性的な対話や公権力でなく、彼らよりもっと強力なデイヴィッドの暴力である。デイヴィッドはもちろん、対話を通じて理性的に解決しようと努力をした。だが、相手側はこのようなデイヴィッドに対して皮肉を言いつつ、非理性的な暴力を一

＊**74**　辛口の女性評論家で有名なポーリン・ケイル（Pauline Kael）は『わらの犬』に対してはペキンパーを非難したが、監督としてペキンパーの才能は高く評価していた。彼女はペキンパーの死後、評論集『映画辛口案内』で次のように述べている。「つい最近のペキンパーの死が悲惨なのは、偉大な監督たちの中でも、彼がいちばん自己の資質を充分に発揮せずに終わったことである」（ケイル　399）

貫して振るう。デイヴィッドは警察が自分を助けにくると信じているが、やって来ない。妻であるエイミーさえ協力してくれない状況で、デイヴィッドが選択できるのは自らの暴力しかない。デイヴィッドは凶暴な暴力で村住民たちを殺しつつ、自分の暴力性に陶酔していく。

この映画は、当時アメリカを中心に広がっていた平和主義運動に冷笑をあびせると共に、暴力に対抗する暴力の不可避性を前面に押し立てている。暴力に勝てるのは暴力しかないと、ペキンパーは主張している。

暴力を肯定するようなペキンパーの観点は、『ワイルドバンチ』にも見ることができる。『ワイルドバンチ』には、前半部と後半部に大規模な銃撃戦が描かれている。

前半部。画面において、銃撃戦が始まる直前のパイクらとガンマンたちの顔が、詳しく紹介されていく。男たちの顔は、まもなく始まる銃撃戦に対する興奮と期待感で赤く上気する。

後半部には、村の売春婦と過ごしていたパイクらが、マパッチの軍隊に人質に捕らえられたエンジェルを救うことを決意する場面が出てくる。エンジェルを救うためには、二百人を超えるマパッチの軍隊と戦わなければならない。それが「死」を意味することは、だれもが承知している。だが、別にこれという対話もなく、明るい微笑みで決闘をしようと決めることができる彼らの顔には、死を目前に控えた人の恐ろしい表情は、一つも見つからない。マパッチからもらった金貨を売春婦に渡したパイク一団は、暴力と死が待つマパッチのアジトへ、微笑みを浮かべながら歩いていく。[*75]

深作とペキンパーは、この部分において観点を異にしている。深作は自分の映画で数えきれないほど多くの暴力の描写をし、暴力的な映画をたくさん撮る監督というイメージが常に付きまとう人だが、決して暴力を肯定しない。深作は多くのインタビューにおいて、彼自身が戦争という巨大な暴力を直接体験したため、決して暴力は肯定しないと話す。自分の映画に暴力描写が多い理由としては、「暴力を描写することにより、暴力を否定しよう」というのが目的だと明らかにしている。

『仁義なき戦い』では、任侠映画に見られたようなヤクザ美化論議が言われることは皆無である。深作は『仁義なき戦い』において、暴力で自滅していく群像を描いている。そこに暴力の肯定はない。この映画に登場する人物はみな暴力を恐れている。彼らは、自分が暴力の標的にならないために、相手よりも先に暴力を行使する。深作作品の登場人物たちは、ペキンパーが描く人物のように暴力に陶酔することも、暴力に堂々と向かうこともない。

＊75　『未知の名監督（미지의 명감독）』の著者であるキム・ヨンジンはペキンパー映画の主人公たちに対し、「心の中の孤独を暴力という過激な手段で克服している」と評する（311）。

山根貞男は著書『「仁義なき戦い」をつくった男たち―深作欣二と笠原和夫』で、深作欣二と脚本家・笠原和夫の作品世界を多角的な視点から光を当てている。その中で一九八〇年に笠原和夫が脚本を手掛けた『二百三高地』(一九八〇年)について、次のように評している。

あおい輝彦の演じる若いインテリの叫びは、自ら暴力を体現することで兵の共同性において戦争という暴力への批判を突き出すのである。この暴力を踏まえての暴力批判というあり方が『仁義なき戦い』に通じることはいうまでもない。また、死を前にしての共同性の成立、その共同性による闘いというあたりは、深作欣二が『仁義なき戦い』以前の作品で表現してきたものとぴったり重なる(240)。

その反面、北野武の映画で表現される暴力の様相は、深作よりもペキンパーのそれに近い。なぜなら北野映画における暴力の様相は、個人の観点として見た場合、肯定的な機能を表わしているためだ。

『その男、凶暴につき』において暴力は、我妻と清弘にとってのコミュニケーションの手段として使われている。北野武が暴力を肯定としてとらえていなければ、暴力とコミュニケーションを交差することはないだろう。暴力は、『3-4×10月』の雅樹にとっても、肯定として作用する。すべては夢であったとしても、夢の中に暴力があればこそ、雅樹は人生に対して小さな意欲を取り戻すきっかけをつかんだのだから。

『ソナチネ』では登場人物の暴力を、肯定も否定もしない。主人公である村川を動かす原動力は「偶然」であった。

村川が占めていた区域に「偶然」地下鉄が入ることになりつつ、親分は村川の縄張りがほしくなり、村川はわけも分からず組員らと共に沖縄に送られる。そこで「偶然」に出会ったライバル組織との銃撃戦で彼は自分が裏切られていることに気づき、組員らと共に海辺の廃家に身を隠す。そこで出会った幸を愛することになるのも「偶然」で、ホテルのエレベーターで高橋と会って銃撃戦を繰り広げることも「偶然」であった。偶然は絶えず暴力を誘発させ、彼らはその中で生き延びるためにもがくが、誰もその中から抜け出せない。

村川と幸は海辺で次のような対話をする。

幸：　「平気で人を撃っちゃうのスゴイよね」

村川：　「……」

幸：「平気で人殺しちゃうてことは、平気で死ねるってことだよね」
村川：「(笑う)」
幸：「強いよね。あたし強い人大好きなんだ」
村川：「強かったら拳銃なんか持ってないよ」
幸：「でも平気で撃っちゃうじゃん」
村川：「恐いから撃っちゃうんだよ」
幸：「でも死ぬの怖くないでしょ」
村川：「あんまり死ぬの恐がってるとな、死にたくなっちゃうんだよ」
幸：「ぜんぜんわかんないや……」
村川：「(笑っている)」

(『シナリオ』一九九三年七月号 39)

海辺に身を隠した村川はいつ死ぬかも分からない死の脅威にさらされている。自ら頭に銃を撃って自殺する夢を見た村川はそれ以後、幸との出会いを通じて、人生に対して希望を抱いたりもする。だが「死ぬのを恐がってると死にたくなる」という彼のセリフのように、死への恐れは絶えることなく村川を悩ませる。
映画中の登場人物は、全員死を迎えることになるが、ただ一人、殺されずに自ら命を絶ったのは、村川だけである。死の恐れを無くす方法は死ぬことしかない、ということを自ら証明するかのように、村川は最後まで生き残ったにもかかわらず、自ら命を絶つことで、死の恐怖から抜け出していく。

北野武は、深作のように暴力を否定しなかった。暴力は、北野の映画において、対話の手段になり、生への小さい意欲を回復させるきっかけにもなる。あるいは、死の恐怖から抜け出させてくれる唯一の方法となることもある。

北野映画で見られる暴力の様相は、物理的な暴力が内包する新機能と、その意味を示している。その面では、ペキンパーの観点にいささか近いと考えることもできる。しかし北野は、ペキンパーのように暴力に陶酔し、傾倒していったり、暴力に強く反応する人物を描くことはない。むしろ北野は、暴力に反応しない無気力な男性たちを描くことを通じて、因果性が欠如した目的そのものとしての暴力を描写する。

自分の頭の中で、暴力の被虐性を強調しながら映画を見ている観客には、暴力が乗り移ったポルノグラフィーを見たような、強烈な暴力性を感じさせることもあるだろう。北野の映画で描写されている暴力の様相は、深作欣二とサム・ペキンパーの影響を確かに受けてはいる。しかし描写方式と観点の面においては、この二人にはない独自の視点を有している。

『その男、凶暴につき』で脚本を担当した野沢尚は『ソナチネ』を含んだ北野武の暴力の三部作について次のように述べている。

サム・ペキンパーが六九年から七四年までの五年の間に、暴力というテーマで『ワイルドバンチ』を作り、『わらの犬』を作り、『ガルシアの首』を作った映画作家としてのあの振幅を考えると、北野さんが4年間で作った三作品は恐ろしくフラットだ。（中略）暴力を主人公として描くのも同じ性格設定のはみ出し者ばかりである。目前にパックリ口をあけて待っている死に対して、悪あがきせず、静かな表情で歩んでいく男。つまり、死にたがっている男。何度も何度も、外枠だけ変えて描くほど、それって面白いことなんだろうか（1995　野沢　232-233）。

野沢尚の指摘どおり、暴力の三部作において暴力を現す主人公の姿は、連作と見てもいいほどよく似ている。『その男、凶暴につき』の我妻と『3-4×10月』の上原、そして『ソナチネ』の村川には暴力が過度に流れている。そしてその暴力で、自ら死を迎える。

この三人の配役を北野武が直接演じていることは興味深い。自ら編集を手掛けてこそ、自分の生理のリズムに編集のタイミングを合わせることができると北野は言った。この発言にみられるように、彼自身の暴力に対する観点をよく反映された人物を自ら演じることによって、自分の生理に合う暴力の様相を表現していると見られる。三人の、非常に暴力に近いところにいる男たちは、生きるための悪あがきをせず、自分を待っている死に向かって不機嫌な顔で歩いていく。そうすることは同じだが、彼らに与えられた暴力の意味までもが、同じというわけではない。

現代映画で初めて暴力を主要テーマに引き込んだサム・ペキンパー、そしてほぼ同時代に日本映画で暴力というテーマに生涯こだわり続けた深作欣二。ペキンパーと深作以降も、数多くの暴力映画がつくられてきた。そのなかで、北野武が暴力の三部作で描いた主人公は独自である。かつて例がないほど、暴力に執着する男ではあるが、暴力を肯定もせず、否定もしない。暴力を通じてしか生きていけないのであれば、彼らにとって暴力はどういう意味があるのかを突き止めることに集中する。一人の男の中に潜んでいる暴力性を人間の本能として認め、その暴力性が、ほかのいかなる意味へ拡張していくのかと、北野は追求する。北野武は暴力の三部作を通じて、暴力の新しい観点と可能性を提示して見せたのである。

あとがき

『ＨＡＮＡ－ＢＩ』を韓国で初めて見たのは一九九九年のことだった。大学で映画制作を学んだ後、商業映画の助監督として三年間働いていたが、それまで日本映画を劇場で見たことは一度もなかった。韓国で上映される外国映画はハリウッド映画と香港映画、そして一部の欧州諸国の映画に制限されており、日本映画は輸入制限の対象だったからだ。それだけに九十年代初めフランスに行った際、パゾリーニや、小津安二郎、ブニュエルといった巨匠たちの映画をビデオで見つけた時には興奮した。映画史の本でスチール写真を見ただけで、実際の作品を見たことが一度もなかったからだ。無けなしの金をはたいてビデオを手に入れて帰国便に乗ったものの、十本中七本は税関で押収され、残りもビデオ方式が違うため（韓国はＮＴＳＣ、フランスはＰＡＬ方式）、結局一本も見ることができなかったことが忘れられない。ビデオ方式が国ごとに違うこともその時初めて知った。それぐらい当時の韓国では、見たい映画があっても自由に見ることができなかったのだ。

しかし、一九九八年に入り、金大中政権が大きな変化をもたらした。検閲に慣らされていた韓国の大衆文化に自律性を高めるとともに、積極的に日本の大衆文化を開放する政策も実行に移したのだ。その結果、日本映画として一般映画館での公開第一号となったのが

『HANA-BI』だった。封切り当時、この映画の強い暴力性を懸念するマスコミの声も多かったが、終戦後五十四年経って公式に上映される日本映画として大きな話題となった。『HANA-BI』にはハリウッド映画でよく見られるスムースな編集も、大規模な銃撃シーンもなかった。フランス映画によく登場する俳優たちの激情的な演技やカラフルな衣装を見かけることもなかった。それでも映画は衝撃的だった。他の映画で一度も経験したことのない生々しい暴力性と圧倒的な表現力を感じたのだ。その秘密を探ろうと数日間映画館に通っては、何度も繰り返して見た。しかし、秘訣を明かすことはおろか、映画が与える圧倒的な力に私はもっと強烈な刺激を受けていた。それから二週間後、助監督生活に区切りを付け、日本に留学することを決めた。

最初は留学するつもりではなかった。北野監督のところへ足繁く訪れ、彼の助監督になるのが目標だった。彼の近くで仕事をすることができれば、いつかはその圧倒的な表現力の秘密を明かすことができると思ったのだ。日本語は一言もできなかったが、日本語学校で基本的なことばを習い、足りない部分は英語で解決できると思った。振り返ってみると無謀極まりない行動であったが、その当時の私は真剣だった。以来十八年間日本と縁を結び、現在に至るまで日本に住んでいる。しかし私は結局、北野監督の助監督になることはおろか、彼に会うこともできなかった。会おうと努力しなかったからだ。

来日初日、近くのビデオレンタル店に行った私は驚いて開いた口がふさがらなかった。

パゾリーニ、ブニュエルの映画はもちろん、小津安二郎のサイレント映画まで棚にぎっしりと並べられていたためだった。さらに、本国では禁じられた韓国映画までそこに陳列されていた。韓国では見られない自国の映画を日本で見るほかない現実が悲しかったが、見たい映画が自由に見られなかった私にとって、当時の日本は天国のようなところだった。飢えた狼のように毎日二本以上の映画に飛びついた。映画を理解するために、日本語を勉強し始めた。そうする内に、黒澤明、新藤兼人、小林正樹といった巨匠たちの作品に接することになり、北野武の作品も『ＨＡＮＡ－ＢＩ』だけでなく、『3－4×10月』、『ソナチネ』のような傑作が他にもあることに気づいた。日本の映画に対する理解を広げていくうちに、北野監督の助監督になりたいという当初の目的は徐々に消えて行き、その代わりに日本映画を本格的に研究したいという意欲が高まってきた。

その後、大阪芸術大学の修士課程に進学し、恩師である中島貞夫先生から日本映画の制作システムと、映画監督として求められる姿勢や心構えについて数々のご指導をいただいた。お陰で、二〇〇三年には『ＧＯＮＧ』というＳＦ映画を監督し、日本で自主映画監督としてデビューすることもできた。その後もずっと日本で映画制作を続けつつ監督としてのキャリアを積んできたが、いつも頭から離れない問いかけを振り払うことはできなかった。それは十八年前にソウルで『ＨＡＮＡ－ＢＩ』を見て感じた「生々しい暴力性と圧倒的な表現力」の秘密だった。それを探すために無謀にも日本に来たのではないか？　その答えを探すために大阪大学の博士課程に進学し、長い間抱いてきた問いに向き合うこととした。本書はその博士論文をもとに編纂しなおしたものである。

外国人が日本で書いた博士論文が一冊の本になるまで大勢の方々にお世話になったが、特に博士論文をご指導下さった上倉庸敬先生と、三宅祥雄先生、そして、論文の日本語校正に向けご努力を下さった吉田馨さんには感謝の念に堪えない。改めてお礼を申し上げたい。何より本書には、韓国で北野監督の映画を見て衝撃を受けたある韓国人が、「生々しい暴力性と圧倒的な表現力」の秘密を明かすために日本に渡り、十八年掛かって出した結論が込められている。結論を出すまで長い時間が掛かってしまったが、忘れられない研究課題を提示してくれた北野武監督にも感謝の気持ちを伝えたい。

二〇一七年十二月

ベ・テス

【映像資料】

北野武 1989：『その男、凶暴につき』バンダイビジュアル、2007年（DVD）
北野武 1990：『3-4×10月』バンダイビジュアル、2007年（DVD）
北野武 1991：『あの夏、いちばん静かな海。』東宝、1991年（VIDEO TAPE）
北野武 1993：『ソナチネ』バンダイビジュアル、2007年（DVD）
北野武 1997：『HANA-BI』バンダイビジュアル、2007年（DVD）
Peckinpah, Sam 1969：『ワイルドバンチ：ディレクターズカット』ワーナー・ホーム・ビデオ、2007年（DVD）
Peckinpah, Sam 1970：『STRAW DOGS』(주) 클래식 라인、韓国、2003年（DVD）
Peckinpah, Sam 1974：『ガルシアの首』20世紀フォックス　ホーム　エンターテイメント、2007年（DVD）
Peckinpah, Sam　1976：『戦争のはらわた Cross Iron』バンダイビジュアル、2000年（DVD）
深作欣二 1973：『仁義なき戦い』東映ビデオ、2001年（DVD）
深作欣二 1982：『蒲田行進曲』松竹ホームビデオ、2002年（DVD）

ルム・スタディーズ事典—映画・映像用語のすべて』、杉野健太郎、中村裕英訳、フィルムアート社、2004 年
田山力哉『映画小事典』ダヴィッド社、1997 年初版第 4 刷（初版 1987 年）
塚田幸光『シネマとジェンダー—アメリカ映画の性と戦争』臨川書店、2010 年
出口丈人『映画映像史－ムーヴィング・イメージの軌跡』小学館、2004 年
遠山純生編『サム・ペキンパー』エスクァイアマガジンジャパン、2001 年
中島貞夫著、吉田馨構成『映画の四日間—中島貞夫 映画ゼミナール』醍醐書房、1999 年
中島貞夫著、吉田馨構成『映画の四日間 PART ２—中島貞夫シナリオゼミナール』萌書房、2002 年
野沢尚「シナリオ—その男、凶暴につき」、『キネマ旬報』1989 年 8 月下旬号所収、キネマ旬報社、1989 年
野沢尚『映画館に、日本映画があった頃』キネマ旬報社、1995 年
蓮實重彦「北野武特別インタヴュー」、『ルプレザンタシオン』第三号所収、筑摩書房、1992 年
ビートたけし『仁義なき映画論』太田出版、1991 年
平沢剛編『アンダーグラウンド・フィルム・アーカイブス』河出書房新社、2001 年
山根貞男、米原尚志『「仁義なき戦い」をつくった男たち—深作欣二と笠原和夫』日本放送出版協会、2005 年
淀川長治編『フィルムメーカーズ　2　北野武』キネマ旬報社、1998 年
山根貞男「ゼロゆえの感情」、『キネマ旬報』1993 年 7 月下旬号所収、株式会社キネマ旬報社、1993 年、pp. 176-177
吉田馨『映画監督・三隅研次が描く女たち』博士論文、大阪大学、2009 年
米澤和幸『Blue Film －北野武の 428 日－』ティーツー出版、1999 年
『週刊プレイボーイ』1990 年 9 月 25 日号、集英社、1990 年

キム・ヨンジン（김영진）『未知の名監督（미지의 명감독）』、한겨레신문사、1997年、韓国
キム・シウ（김시우）『これが日本映画だ（이것이 일본영화다）』、아선미디어、1998年、韓国
ミン・ビョンロク（민병록）『世界映画映像技術発達史（세계영화영상기술발달사）』、문지사、2001年、韓国
阿部嘉昭『北野武VSビートたけし』筑摩書房、1994年
石原郁子「HANA-BI作品論」、『キネマ旬報』1998年1月下旬号所収、キネマ旬報社、1998年
岩本憲児編『占領下の映画―解放と検閲』森話社、2009年
上野昂志『映画全文―1992～1997』リトル・モア、1998年
上野昂志「映画監督・北野武の歩行」、『シナリオ』1993年7月号所収、シナリオ作家協会、1993年
奥山和由「ビートたけしへの訣別」、『文藝春秋』1993年9月特別号所収、文藝春秋、1993年、pp. 284-293
川本三郎編『映画監督ベスト101』新書館、1999年
川本三郎編『映画監督ベスト101　日本篇』新書館、1996年
北野武、ミシェル・テマン『Kitano par Kitano －北野武による「たけし」』早川書房、2010年
北野武『全思考』幻冬舎文庫、2009年
ポーリン・ケイル『映画辛口案内―私の批評に手加減はない』、浅倉久志訳、晶文社、1990年
斉藤綾子編『映画と身体／性』森話社、2006年
佐藤忠男『世界映画史』〈上〉、第三文明社、1995年
G・サドゥール『世界映画史　1』、丸尾定訳、みすず書房、1980年
渋谷陽一インタビュー・構成『黒澤明、宮崎駿、北野武－日本の三人の演出家』ロッキング・オン、2003年8版
嶋地孝麿編『世界の映画作家31 日本映画史―実写から成長混迷の時代まで』キネマ旬報社、1978年第2刷（初版1976年）
篠崎誠「監督　北野武論－不機嫌に闘い続ける者たち」、『カイエ・デュ・シネマ・ジャポン』1991年3月15日発行　0号所収、フィルムアート社、1991年
スティーヴ・ブランドフォード、バリー・キース・グランド、ジム・ヒリアー『フィ

【参考文献】

Abel, Richard ed., *Silent film*, Rutgers University Press New Brunswick, 1996

Anderson, Joseph L. and Donald Richie. *The Japanese Film: Art and Industry (Expanded Edition)*, Princeton, N. J.: Princeton University Press, 1982.

Bordwell, David and Thompson, Kristin. *Film Art: An Introduction*, McGraw-Hill, 4th ed., 1993, (" 영화예술 ", 서울 : 이론과 실천 ,1993).

Cameron, Ian and Douglas Pye ed., *The Movie Book of the Western*, Studio Vista, 1996.

Hayward, Susan. *Key Concepts in Cinema Studies*, Routledge, 1996 (이영기 옮김 ," 영화사전 : 이론과 비평 ", 서울 : 한나래 , 1997)

Ellis, Jack C. *A History of Film*, New Jersey: Prentice-Hall, Inc., 1985, (" 세계영화사 ", 서울 : 이론과 실천 , 1988).

James, David E. *Allegories of cinema: American film in the sixties*, Princeton, N. J.: Princeton University Press, 1989.

Manvell, Roger ed., *Experiment in the Film*, ARNO & THE NEW YORK TIMES, New York, 1970.

Mascelli, Joseph V. *The Five C's of Cinematography*, Cine/Graphics Publications, 1965.

Richie, Donald. *Japanese Cinema:Film Style and National Character*, Garden City, N. J.: Double day & Company Inc., 1971.

___________, *The Japanese Movie*, Kodansha International, 1982.

Prince, Stephen. *The Warrior's Camera: The Cinema of Akira Kurosawa (Revised and Expanded Edition)*, Princeton, N. J.: Princeton University Press, 1991

Schilling, Mark. *Contemporary Japanese Film*, Weatherhill, Inc, 1999

Vogel, Amos. *Film As a Subversive Art*, Random House, New York, 1974, (" 전위영화의 세계 ", 권중운 . 한국실험영화연구소 역 , 서울 : 예전사 , 1996, 2 쇄).

イ・ビョンダム(이병담)『北野武映画の叙事論と美学(기타노 다케시 (北野武) 영화의 서사론과 미학)』행복한집、2006 年、韓国

ナム・ドンチョル（남동철）「映画『ソナチネ』の七つのキーワード」、『シネ21（씨네 21）』、2000 年 1 月 18 日号所収、韓国

ジョン・ウンヒョク（전운혁）『我々が注目すべき日本映画 100（우리가 주목해야할 일본영화 100)』、삼진기획、2000 年、韓国

金洙容『金洙容監督の映画講座』청주대학교（Cheongju University)、2005 年 6 月発行、韓国

ベ・テス（Bae Taesu）

1972年韓国生まれ。

清洲大学演劇映画学科卒業後1999年に来日し、大阪芸術大学大学院そして大阪大学大学院にて学ぶ（文学博士）。

映画監督としては2003年に『GONG』（ストックホルム国際映画祭、富川国際ファンタスティック映画祭公式招待作品）で長編映画デビュー。

2005年には『Memories』で山形国際ムービーフェスティバルグランプリを受賞。

以降、『Boiler』、『20年』、『トラブル・トラベラー』等の映画を次々と発表し、現在は日本を舞台にした日韓合作映画の準備中。

北野武映画の暴力

2018年2月28日　初版第1刷発行

著者　ベ・テス

DTP　廣田稔明

発行人　永田金司　金承福
発行所　株式会社クオン
〒101-0051
東京都千代田区神田神保町1-7-3
三光堂ビル3階〒104-0052
電話　03-5244-5426
FAX　03-5244-5428
URL　www.cuon.jp/

ISBN978-4-904855-71-3　C0074　Printed in Japan